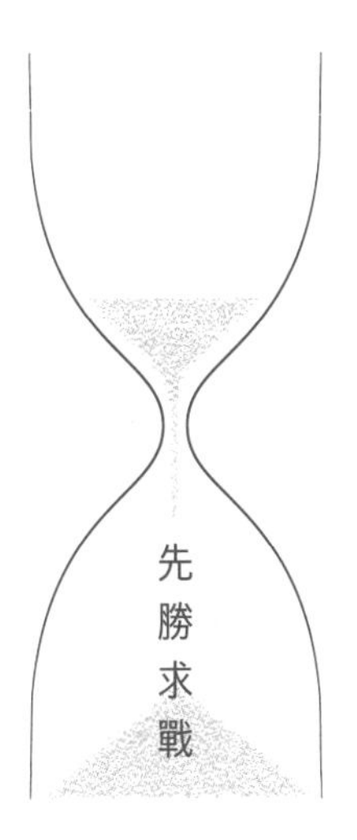
先勝求戰

일러두기

- 표기는 한국어표준어대사전을 기준으로 했으나, 일부 인명과 지명은 대중에게 익숙한 표현을 따랐습니다.
- 도서 내 사례는 가공된 허구임을 밝힙니다.

이겨 놓고 싸워라

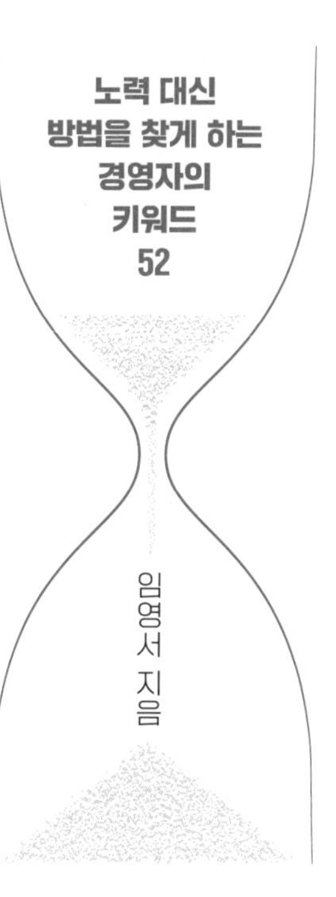

노력 대신
방법을 찾게 하는
경영자의
키워드
52

임영서 지음

모든 교훈은 역사에 이미 쓰여 있다

필자는 2003년에 지금 회사를 창업하고 운영하기 시작했다. 아내는 20년째 함께 회사를 운영하는 훌륭한 동업자이다. 창사 20주년을 맞이해 경영자로서의 삶과 기업이 걸어온 길을 돌아보는데, 아내가 심장에 비수를 꽂는 한마디를 했다. "우리는 바보처럼 사업을 했어!"

가맹점이 몇백 개나 되고, 사업을 한 기간도 오래됐으니, 주변에선 우리 회사에 돈이 엄청 많지 않냐고 묻는다는 것이다. 사업의 성공을 돈으로만 평가할 수는 없지만 여러 지표 중 하나임은 틀림없다. 그렇게 따지면 필자는 감히 '성공'했다고 말할 수 없다.

아내의 또 다른 한마디는 비수 정도가 아닌 핵폭탄이었다. "회사 일 때문에 내 인생이 없었던 것 같아." 필자는 어린 시절부터 스스로 근면성실의 표상이라고 할 만큼 열심히 살았다. 하루의 시간을 쪼개고 쪼개, 남들보다 더 적게 자고 많이 일했다. 가족들과 여행 한 번 제대로 못 했을 정도로 일에 몰두했다. 사업은 필자 삶의 모든 것이었다. 세상 사람들은 그렇게 열심히 살았다면 사업을 크게 일으키던가, 돈이라도 많이 벌었을 것이라고 쉽게 판단했다. 하지만 필자는 두 가지 모두에 해당하지 않았다.

노력한 만큼 성과를 내지 못했다는 사실을 체감하자, 필자의 지나온 삶을 뒤돌아보기 시작했다. 살피면 살필수록 필자가 잘못된 사업을 해 왔다는 사실을 알게 됐다. 물론 마냥 후회만 하고 있을 수는 없었다. '실패'와 '실수'는 엄연히 다르다. 사업 방식에 실수가 있었다면 이제부터라도 원인을 찾고 고치면 성공에 이를 수 있다고 확신하게 됐다. 그리고, 필자의 실수 사례를 잊지 않고자 정리하고 모아 아 이 책을 완성했다.

어려서부터 역사를 좋아했던 필자는 역사책을 읽고, 역사 속 인물과 사건을 자신의 상황에 적극적으로 적용해 보고 심도 있게 고민하기를 좋아했다. 일반적으로 사회에서 존경받는 인물을 비판적으로 보기도 하고, 반대로 지탄받는 인물이나 사건에서 나름대로 교훈을 찾아보기도 했다. 특히 사업에 여러 위기를 겪은 후에는 경영자로서 배울 수 있는 점과 해결책을 얻고자 역사에 깊이 파고들었다.

25년이 넘는 지난 사업 인생에서 실수한 부분, 아쉬웠던 점을 정리하다 보니 공통점이 있었다. 역사적으로 비슷한 사건이 일어났고, 교훈을 얻을 수 있었다는 사실이다. 역사적 인물의 일화나 사건을 우리의 삶 혹은 사업에 잘만 적용할 수 있다면 필자와 같은 실수는 하지 않을 것이다.

이 책은 사업을 하며 위기에 부딪혔을 때 혹은 사업을 더 성장시키고 싶을 때, 역사에서 무엇을 배울 수 있는지 보여 준다. 또, 역사에서는 실수를 어떻게 피하고 극복하는지도 제시한다.

'열심히 일했는데 왜 결과가 없지?'는 비단 필자만의 고민은 아닐 것이다. 좋은 결과가 나올 수 없는 방법으로는 노력해 봤자 결코 성과를 낼 수 없다. '왜 나는 매번 실수만 할까?'라는 고민 역시 필자만 하는 것은 아니다. 당연한 말이지만 인생을 두 번 사는 사람은 없다. 한 번도 가 보지 않은 길을 가면서 시행착오를 겪는 건 당연한 이치다.

만약 사업 경험이 많은 부모님이나 멘토가 있어 경영 수업을 받는다면, 어처구니없는 기초적 실수는 피할 수도 있을 것이다. 이 책은 그 역할을 '역사'와 '이야기'가 대신해 줬으면 하는 바람에서 쓰기 시작했다.

지난 25년간 창업 컨설턴트로 활동하면서 연간 1만 명 이상의 예비 창업자와 자영업자 앞에서 강의했다. 또한 프랜차이즈 사업을 하면서 500개가 넘는 가맹점을 운영하고 있다. 삶에서 만나는 사람의 80% 이상은 자기 사업을 꿈꾸고 있거나 자신만의 사업을 일으키고 그 길을 가고 있는 사업가들이다.

독자 여러분이 사업을 시작하면서, 혹은 사업을 하는 도중에 필자와 같은 실수를 하지 않기를 간절히 바란다. 누군가가 필자에게 했던 얘기처럼, 필자 역시 이렇게 말하고 싶다.

"사업은 그렇게 하는 게 아니야!"

이 책의 제목인 '이겨 놓고 싸워라'는 《손자병법(孫子兵法)》 속 전술 중 하나인 선승구전(先勝求戰)에서 나왔다. 단순히 노력만으로 성공할 수 있는 시대는 지났다. 무작정 열심히 하는 대신 내가 이길 수 있는 판을 만들고, 이기는 방법을 찾아야 성공할 수 있다.

이 책은 총 52개의 꼭지로 구성돼 있다. 그리고 각각의 꼭지에 경영자에게 꼭 필요한 키워드, 지혜를 얻을 수 있는 사례를 함께 소개했다. 한번에 읽어 내려간 후, 매주 한 개의 챕터씩 읽으면서 경영자의 키워드를 삶에 적용하면 1년이 흐른다. 경영자로서의 철학을 체화할 수 있는 시간이다.

개인적인 경험이고, 과거의 내용도 많으므로 독자분들의 상황이나 생각과 다소 괴리가 있을 수 있지만 "그럴 수도 있구나!"라는 넓은 아량으로 넘어가 주셨으면 한다.

글을 쓰는 내내 아내에게 '사업 못하는 남편을 만나 고생한다'라는 생각에 미안함을 감출 수 없었다. 실수투성이인 남편이자 돈키호테처럼 무모한 사장인 필자를 변함없이 지지하고 함께해 주는 아내에게 이 책을 빌어 감사를 전한다.

양평 상촌계곡에서, 저자 백석 임영서

목차

책을 시작하기 전에 모든 교훈은 역사에 이미 쓰여 있다 005

1장 ◆ 리더의 자리

01 다음 칸에는 언제나 희망이 있다 017
[희망 | 손빈의 복수]

02 어머니가 가르쳐준 10원짜리 경제학 022
[절약 | 이항복의 쇳조각]

03 누구도 나를 대신할 수 없다 027
[책임 | 예수의 고뇌]

04 나를 극복하고 타인을 편안하게 하는 태도 031
[극복 | 아버지의 길]

05 무덤에 묻힌 사람의 공통점 036
[선택 | 로버트 프로스트의 길]

06 하루에 자신을 세 번 돌아볼 때 얻는 것 040
[성찰 | 증자의 세 가지 반성]

07 사업가에게는 자신만의 덕목이 필요하다 044
[신중함 | 칭기즈칸의 매]

08 싸움닭이 이기는 방법 048
[평정심 | 기성자의 나무 닭]

09 훌륭한 스승은 당신의 지름길이다 052
[멘토 | 유비의 책사]

10 성공은 돈과 명예가 아니다 057
[목표 | 어머니의 욕심]

11 이루고 싶은 게 있거든 체력 먼저 기르자 060
[건강 관리 | 세종의 건강]

12 혼자 있을 때 문제를 해결할 지혜가 생긴다 064
[자연의 힘 | 서경덕과 자연]

13 꼴값을 떨어야 하는 이유 068
[품격 | 공자의 수기안인]

2장 ◆ 관리자의 자리

14 선무당이 회사를 망친다 075
[전문가 | 쌍령 전투]

15 진짜와 가짜를 구별하는 법 081
[안목 | 솔로몬과 두 어머니]

16 개미와 소는 서로 이해할 수 있을까? 087
[역지사지 | 하우와 후직]

17 리더 한 사람의 힘은 여러 직원의 힘만 못하다 092
[리더의 역할 | 한비자의 군주의 급]

18 사람은 고쳐 쓰는 것이 아니라 바꿔 써야 한다 096
[결단 | 공자와 원양]

19 실수와 배신은 용서해 봤자 반복될 뿐이다 100
[신뢰 | 강태공과 마 씨 부인]

20 사람에 집착하면 기회를 잃는다 105
[선공후사 | 제갈량의 결단]

21 서로에게 버림받지 않으려면 110
[발전 | 관중과 포숙의 우정]

22 나와 똑같은 직원이 몇 명이나 있는가? 114
[아바타 경영 | 세계 4대 성인의 제자]

23 퍼 주면 퍼 줄수록 돌아온다 118
[베풂 | 귀족 가문과 사 계층]

24 최고가 되려면 최고와 함께 일하라 122
[인재 | 유비의 삼고초려]

25 고름은 결코 살이 되지 않는다 127
[판단력 | 공자와 게으른 제자]

26 조직을 망치는 직원과 조직을 살리는 직원 131
[직원 관리 | 육정과 육사]

3장

위기 관리의 자리

27 인생의 절정과 나락에서 나를 발견한다 139
[도약 | 팽성 대전]

28 살아남은 자와 죽은 자의 차이 143
[생존 전략 | 아문센과 스콧의 남극 탐험]

29 싸우지 않고 이기는 법 148
[기다림 | 윤회와 오리]

30 안일한 경영자의 최후 152
[체크 리스트 | 선조와 임진왜란]

31 악재가 쓰나미처럼 밀려올 때 157
[받아들임 | 석가모니의 두 번째 화살]

32 잃을 게 없는 사람은 피하는 게 상책 162
[대피 | 관중과 네 명의 간신]

33 내 안의 비관주의를 없애려면 167
[꿈과 열정 | 쇼펜하우어와 헤겔]

34 대가 없는 공짜는 없다 172
[희망고문 | 진시황과 서복]

35 위기를 극복하는 생각 전환법 177
[생각의 전환 | 포에니 전쟁]

36 문을 열면 세상이 보인다 182
[오픈 마인드 | 중국의 만리장성과 로마의 길]

37 인생은 좋을 때도 있고 나쁠 때도 있다 187
[침착함 | 말 키우는 노인]

38 진짜 중요한 일에 시간과 역량을 투자하고 있는가 191
[에센셜리즘 | 노자의 무위 사상]

39 때로는 상황에 몸을 맡겨라 196
[인생의 순리 | 어머니의 밥]

4장

◆

마케팅의 자리

40 노력보다 방법이 중요하다 203
[노하우 | 토끼와 거북이]

41 미래를 바꾸는 결정의 순간 208
[결정력 | 정화의 남해 원정단]

42 사람은 생각의 크기만큼 성장한다 212
[생각의 힘 | 마의선사와 두 아들]

43 내 안의 최고의 무기 216
[틈새시장 | 다윗과 골리앗]

44 미래가 두려울 때 필요한 인생 성장 노하우 223
[마부위침 | 'ㄲ'으로 시작하는 다섯 가지 단어]

45 화목한 가정에는 좋은 가풍이 있다 227
[기업 문화 | 진시황의 법과 예]

46 땅을 박차고 뛰어오를 힘을 키우자 231
[호랑이의 도약 | 호랑이의 에너지]

47 마음의 여유가 없을 때 잃는 것 235
[신독 | 류성룡의 '단사절영']

48 법은 누구나 피할 수 없다 239
[법 | 빌 게이츠와 아버지]

49 먼저 고객이 모인 곳을 찾아라 243
[도방 정신 | 경대승의 도방]

50 자신과 기업을 변화시키는 힘 247
[정성 | 중용]

51 사업에는 언제나 새로운 시도가 필요하다 251
[새로운 전략 | 몽골군의 말등자]

52 성공한 사람은 알면서도 모르는 척한다 256
[모르는 척 | 범려의 거짓말]

1장

리더의 자리

다음 칸에는 언제나 희망이 있다

[손빈의 복수]

역사적 인물 중 불운했던 대표적인 사람을 꼽으라면 중국 전국시대의 제나라 군사였던 손빈(孫臏)을 꼽을 수 있을 것이다. 기원전 350년경, 손빈은 위나라 출신 방연(龐涓)과 함께 당대 최고의 사상가였던 귀곡자(鬼谷子)에게 병법을 배웠다.

학업을 마친 방연은 위나라 혜왕의 부름을 받고 장수로 임명됐지만, 늘 자신보다 뛰어났던 손빈을 의식했다. 그가 고향인 제나라로 돌아가면 언젠가 자신과 대적할 것이고 그 경우 결코 이길 수 없으리라 믿으며 불안해했다. 그러던 중 손빈이 위나라로 초빙됐고, 방연은 능력이 출중한 그를 혜왕이 높이 쓸까 봐 몹시 두려워했다.

결국 방연은 손빈을 모함해 빈형(臏刑)과 경형(黥刑)에 처하도록 만들었다. 빈형은 무릎 슬개골을 절단해 걷지 못하도록 만드는 형벌이고, 경형은 얼굴에 먹물로 죄인임을 흔적 남기는 형벌이다. 이후 방연은 손빈이 지닌 병서를 손에 넣기 위해, 그를 죽이지 않고 자기 집에 거뒀다. 물론 자신이 천인공노할 흉계를 꾸민 사실은 철저하게 숨겼다.

물론 사실은 밝혀지는 법, 두 다리 없이 처절하게 살아가던 손빈은 방연의 늙은 노비로부터 모든 진상을 듣게 됐다. 그는 탈출하기 위해 미친 척을 하다가 돼지우리에 던져졌다. 돼지들과 잠을 자고 돼지죽을 먹었으며, 때로는 의심 많은 방연을 안심시키기 위해 돼지 변을 먹기도 했다. 그러던 중 모국의 사신으로 온 친구 금활리의 도움을 받아 극적으로 탈출에 성공했다.

손빈은 처절한 삶을 살면서도 탈출에 대한 희망과 복수하겠다는 염원을 한시도 잊은 적이 없었다. 그렇기에 제나라로 탈출해 군사 전문가로서 활약할 수 있었고, 역사 이래 최고의 전법 중 하나인 삼사법(三駟法)과 위위구조(圍魏救趙)를 내세우며 전쟁에서 두 차례의 큰 승리를 거뒀다. 이후 손빈은 자신의 최대 적인 방연에게 복수를 성공했다.

손빈이 제나라에서 명성을 떨치고, 유명한 《손빈병법(孫臏兵法)》을 완성할 수 있었던 것은 방연에게 잡혀 죽기보다 싫은 삶을 살면서도 희망의 끈을 놓지 않았기 때문이다.

필자는 대학 시절, 생활비와 학비를 벌기 위해 지하철 2호선에서 신문을 팔았다. 보통 차량의 맨 앞 칸에 타서 마지막 칸으로 이동하며 소리를 질렀다. "스포츠 신문 있어요! 조선일보, 중앙일보, 동아일보 있어요!" 당시 지하철은 10량과 8량으로 나뉘었다. 판매원들이 '거북이'라고 부르는 10칸짜리는 공간이 여유로웠지만, '토끼'라고 부르는 8칸짜리는 늘 만원이었다. 당연히 복잡한 토끼 차량보다는 다소 한가로운 거북이 차량에서 신문이 많이 팔렸다. 토끼 차량에서는 몇 장도 못 팔 때가 많았다.

기대만큼 신문이 팔리지 않으면, 다음 칸으로 옮겨갔다. 충정로역에서 열차 맨 뒤 칸에 타 맨 앞칸으로, 처음 칸에서 다시 마지막 칸으로 몇 번씩 오가다 보면 사당역에 도착했다. 여기까지가 첫 번째 구간으로, 신문 판매원들은 모두 이 역에서 내려 다음 열차를 기다려야 했다.

사당역에서는 다음 열차가 신문이 잘 팔리는 10량짜리 거북이 차량이기를 희망했다. 첫 번째 구간에서의 신문 판매가 저조했다면 두 번째 구간에 거는 기대는 훨씬 커졌다. 물론 실적은 만족스럽지 못할 때가 많았다. 마지막 세 번째 구간인 강변역부터 충정로역까지의 구간에서는 남은 신문을 모두 팔아야 하기 때문에 다음 열차에 대한 기대와 희망은 더욱 커질 수밖에 없다.

마지막 종착지인 충정로역에 내렸을 때, 겨드랑이에 남은 신문을 보면 언제나 아쉬움이 남았다. 그러나 '내일은 더 잘 팔리겠지'라는 작은 희망을 품고 집으로 향했다.

물론 신문을 팔고 자취방으로 돌아가는 발걸음은 언제나 무거웠다. 때때로 '내 삶은 왜 이렇게 고달픈가?'라는 생각이 들 때면 인생이 더욱 처량하게 느껴졌다. 심지어 집이 너무 추운데 연탄 살 돈은 없어, 자취방 앞에서 남의 집 연탄 한 장을 훔쳐서 불을 피우기도 했다. 당시를 떠올리면 여전히 죄책감을 느끼지만, 필자는 그때를 잊지 않으려 노력한다.

실망스러운 현실에서도 포기하지 않고 다음 칸으로 건너가는 것은 필자뿐만 아니라 모든 판매원이 마찬가지였다. 다음 칸에 거는 기대가 있었기 때문이다. 눈앞에 다음 칸, 다음 열차라는 정확한 목표가 있기 때문에 조금 더 쉽게 앞으로 나아갈 수 있었다. 지하철 다음 칸으로 넘어가면서 혹은 다음 열차를 기다리면서 나은 상황을 기대했기에, 마찬가지로 내일은 오늘보다 좀 더 나아지리라 믿을 수 있었다.

그렇게 모은 아주 적은 돈으로 창업을 했고, 지금까지 사업가의 길을 걷고 있다. 물론 초보 사업가의 하루하루는 고난과 역경의 연속이었다. 그래도 지난날을 뒤돌아보면, 희망을 꿈꾸며 다음 칸으로 옮겨 탔던 경험이 모든 성공의 원동력이었다.

경기침체기를 맞이한 사회에서 많은 이가 '하루하루 견디는 것이 너무 힘들다" 혹은 "지금 같은 시기에 무엇을 할 수 있나!"

라고 환경을 탓한다. 그러나 세상 탓만 하기에는 해야 할 일이 너무나 많고, 당장 할 수 있는 일도 의외로 많다.

우리가 옮겨 타야 할 인생이라는 열차의 칸은 아직 무수히 많이 남아 있다. 지금 탑승한 칸은 당신의 마지막 칸이 아니다. 남의 연탄을 훔쳐서 겨울을 나던 필자도 희망의 끈을 놓지 않았기에 여기까지 왔다. 지금 여기에서 인생을 멈추기에는 남은 칸들이 너무 아깝다. 설사 다음 칸에도 어려움이 있다면 또 다음 칸으로 가면 된다. 필자는 늘 이렇게 말한다.

"우리 모두 희망을 품고 다음 칸으로 건너갑시다. 다음 칸에 희망이 기다리고 있습니다."

어머니가 가르쳐준 10원짜리 경제학

[이항복의 쇳조각]

조선 시대의 위인 중 배울 점이 많은 한 분을 꼽으라면 필자는 이항복 선생님을 선택할 것이다. '오성과 한음'으로 유명한 그는 필자와 크고 작은 공통점이 있어 항상 친밀함을 느끼는데, 가장 비슷한 점은 '티끌 모아 태산'의 가치를 경험했다는 것이다.

이항복은 어려서부터 동무들과 산으로 강으로 뛰어다니며 놀기를 좋아했다. 하루는 마을 대장간 주위에서 놀다가 쇳조각 하나를 주워 집으로 돌아왔다. 그가 공부에 전념하기를 원했던 아버지는 이항복에게 "공부는 안 하고 쓸모없는 쇳조각이나 줍고 다니느냐?"라며 꾸짖었다. 얼마 후, 그의 아버지는 세상을 떠났다. 이후에도 이항복은 습관처럼 쇳조각을 주워 집에 들어가곤 했는데, 어머니 최 씨는 그런 아들을 "쇳조각도 언젠가는 요긴하게 필요할 때가 있을 것이다"라며 이해했다.

그러던 어느 날, 마을의 대장장이가 노름에 빠져 모든 재산을 잃었다. 다시 시작해 보려고 했지만, 쇳조각 하나 없으니 할 수 있는 것이 없었다. 길가에 나앉은 대장장이를 본 이항복은 그때까지 자신이 모은 쇳조각을 건네며 "이 쇠로 다시 대장간을 시작해 보시죠"라고 제안했다.

그는 이항복에게 받은 쇠로 다시 대장간을 시작했다. 처음에는 호미를 만들었고 그 호미를 내다 팔아 괭이를 만들었다. 그 물건을 팔아 생긴 돈으로는 다시 망치와 쟁기를 만들었다. 그 뒤로 '티끌 모아 태산'이라는 표현이 쓰이기 시작했다고 한다.

필자의 어린 시절에도 비슷한 일화가 있다. 필자는 가난과 함께 태어나 가난과 함께 자랐다. 그러나 필자의 어머니는 우리가 언젠가 부자가 될 수 있고, 지금보다 훨씬 행복해질 것이라 항상 말했다. 어머니는 필자에게 세상을 살아가는 지혜와 용기를 가르친 스승이었던 셈이다.

어머니가 하는 일은 정직하고 단조로웠다. 자연에서 얻은 농작물을 읍내 오일장에서 파는 것이었다. 봄이면 취나물이나 머루나물, 두릅 등 산나물을 뜯어서 팔았고, 여름이면 더덕이나 도라지, 옥수수로 돈을 벌었다. 가을이면 밤을 줍고, 깨, 콩, 땅콩 등을, 겨울이면 감이나 말린 밤(황율)을 팔곤 했다.

가지고 나온 물건을 다 판 날이면, 어머니는 언제나 필자의 손에 10원짜리 한 개를 꼭 쥐여 줬다. 그리고 말씀하셨다. "이 10원을 소중히 생각해야 한다. 10원을 못 모으는 사람은 100원을 모으지 못하고, 100원을 못 모으는 사람은 1,000원을 모으지 못한다." 또 어머니는 경고했다. "이 10원이 너의 손에 떠나가면 다시는 돌아오지 않을 것이다. 부자가 되고 싶다면 돈을 움켜잡을 줄 알아야 한다."

어머니와 필자는 시장에서 돌아오면 언제나 그날 번 돈을 1원, 10원, 50원, 100원으로 구분해서 벽장 속 솥단지에 넣었다. 한참을 모은 돈으로 염소를 샀고, 염소는 몇 개월 후 새끼 두 마리를 낳았다. 염소를 정성을 다해 키우니 3년 만에 열 마리 이상으로 늘어났다. 그 염소를 판 돈으로는 돼지 한 쌍을 샀다. 돼지는 염소보다 번식력이 월등히 좋았기 때문에 몇 년 만에 꽤 많은 수로 늘어났다. 이 돼지를 모두 파니 곧 새끼를 낳을 암소를 살 수 있었다. 염소를 기르기 시작한 지 4년 만의 일이다.

그로부터 1년 후, 필자는 예상하지 못했던 행운을 만났다. 당시 필자는 신문 배달 일을 했는데, 당시 신문 지국장에게 사정이 생겨 더 이상 지국을 운영할 수 없게 된 것이다. 그 기회를 놓치지 않고, 키우던 소를 팔아 신문사 지국을 매입했다. 얼떨결에 사업의 길을 걷게 된 셈이다. 필자는 그때부터 '티끌 모아 태산'의 힘을 절감한다.

동전을 모아서 송아지를 살 수 있었고, 그것을 잘 관리하자 필요할 때 쓸 수 있는 강력한 힘이 됐다. 어머니는 30여 년 전에 돌아가셨지만, 어머니의 경제학은 여전히 필자의 모든 사업과 함께하고 있다. 어머니가 그랬던 것처럼, 필자 역시 동전으로 아들, 딸을 교육했다. 지금도 주머니 속에 동전을 넣고 다니며, 10원의 소중함을 느끼기도 한다.

우리 회사는 구내식당이 있어서 직원들에게 점심을 제공한다. 가끔 외부 방문객이 회사를 방문하면 "직원이 몇 명인데 회사 식당을 운영하냐?"라고 의아해한다. 하지만 요즘 직장인들이 점심을 사 먹으려면 1만 원짜리를 갖고 나와 8,000원은 쓰게 된다. 그리고 남은 2,000원은 온데간데없이 사라지곤 한다. 1만 원짜리가 깨지면 1,000원짜리는 쉽게 없어진다. 그러나 사람들은 1만 원이 수중에서 사라졌다고 생각하는 대신 그저 8,000원 짜리 밥을 먹었다고만 기억한다. 따라서 우리 회사 직원들의 돈이라도 부서지고 사라지지 않기를 바라며, 점심을 제공하는 것이다. 사업 전선으로 뛰어드는 창업가가 매우 많은 시기이다. 장기적인 세계 불황과 국내 소비 시장의 침체로 매출의 크기는 고만고만하다. 돈을 더 모을 수 있는가는 바로 이 10원짜리 경제학을 실천하느냐에 달려 있다고 믿는다.

너무 아끼려 궁색을 떠는 것도 보기 좋진 않지만, 다음을 위해

적은 돈을 아끼고, 키워서 더 큰돈을 얻는 것이 삶의 지혜가 아닌가 싶다. 큰돈을 벌고 싶은가? 그렇다면 아주 작은 돈부터 소중하게 생각하라!

누구도 나를 대신할 수 없다

[예수의 고뇌]

《신약성경》에는 예수가 나귀를 타고 예루살렘에 입성하는 장면이 묘사돼 있다. 예수는 제자들과 마지막 식사를 마치고, 겟세마네라는 작은 동산으로 발걸음을 옮겼다. 피 흘려 사람들을 구원하라는 사명을 받고, 죽음을 눈앞에 둔 시점이다.

젊은 청년인 예수는 하느님의 뜻을 이루어야 한다는, 감당하기 무거운 짐에 갈등하며 제자들에게 "내 마음이 심히 고민하여 죽게 되었으니 너희는 여기서 머물러 깨어 있으라"고 말했다. 그리고 홀로 40m쯤 떨어진 곳으로 가서 땅에 엎드리곤 "하느님 아버지. 이 잔을 내게서 옮기시옵소서"라고 기도했다. 인류 역사에서 가장 영향력 있는 성인 중 한 사람인 예수조차 자신에게 맡겨진 책임이 그저 지나가기를 바랐다. 하지만 예수는 결국 자신의 역할을 다했다.

경영자도 때때로 자신이 감당해야 할 일을 직원에게 넘기는 경우가 있다. 결코 직원들이 대신하게 해서는 안 된다는 걸 알면서도 말이다. 필자에겐 어려서부터 영화배우라는 꿈이 있었다. 하지만 가난이 싫었던 필자는 연기 활동을 포기하고 프랜차이즈 경영을 공부하기 시작했고, 고속 성장하는 행운을 얻었다. 그러던 중, 우연히 함께 연기 활동을 했던 후배의 권유로 영화에 출연하게 됐다. 이 소식을 들은 지인들은 "왜 재능을 썩히냐?", "다시 연기를 하면 대성할 것이다"라고 입바른 소리를 했다.

사업은 잘되는 중이었고, 필자의 사회적 명성도 쌓이고 있었기에 교만이 하늘을 찌를 무렵이었다. 다시 연기를 시작하기만 하면 곧 스타가 될 거라는 착각에 빠졌다. 창업 초기부터 함께했던 직원들의 업무 스킬과 경영 관리 능력도 믿을 만하다고 판단했다. 결국 필자는 경영을 직원들에게 맡기고 밖으로 돌기 시작했다.

5년간 외도를 하던 중 회사가 '위기'라는 소식을 듣고 경영 일선으로 복귀했다. 찬찬히 살펴본 회사의 상황을 말할 수 없을 만큼 엉망이었다. 조직체계는 무너졌고, 인재가 떠났으며, 하청 업체와 제휴 업체 관리에 소홀해 가맹점 피해로 연결되고 있었다. 또한 잘못된 계약 체결과 재고 관리 부실로 필요 없는 돈을 날려야 했다.

경영 관리를 맡긴 직원 중에는 막역한 친구와 선후배, 일가 친척까지 있었다. 그러나 그 누구도 회사를 자신의 것처럼 돌보지 않았다. 이쯤 되니 예수가 제자를 포함해 그 누구에게도 자신의 십자가를 넘기지 않은 이유를 알 수 있었다. 아무리 똑똑하고 좋은 사람이라도, 경영자의 역할을 대신할 수는 없는 법이었다.

경영자만 할 수 있는 일은 회사의 경영 방향을 결정하는 큰일부터 아주 작은 일까지 다양하다. 예를 들어, 필자는 회사 대표로서 가맹주와 반드시 두 번은 만난다.

첫 번째는 가맹점을 개업하기 위해 본사에 교육을 들으러 올 때이다. 우리 회사의 가맹 교육은 총 5일인데, 가능한 한 가맹점주가 입소하는 월요일 첫 시간에 인사한다. 짧은 만남만으로도 브랜드, 본사에 대한 가맹점주들의 신뢰감이 높아진다.

두 번째는 가맹점이 영업을 시작할 때이다. 지점에 방문해서 축하 인사를 하며 개업을 준비할 때 어떤 어려움이 있었는지, 본사에 대한 불만 혹은 건의 사항은 없는지 확인한다. 한국 프랜차이즈 업계에서는 본사 대표가 오픈을 맞아 방문하는 경우는 드물기 때문에, 더더욱 이 시기에 방문하려고 한다.

사업 초기, 그리고 스케줄이 도저히 되지 않을 때는 인사 자리에 본부장 혹은 전무를 보낸 적이 있다. 하지만 가맹점주들은 대표이사가 아닌 다른 회사 관계자의 방문에는 크게 감동하지 않았다. 본사 대표이사를 누구도 대신할 수 없기 때문이다. 이 사실을 깨닫고는 어떠한 경우라도 최대한 두 번의 만남을 지키려고 한다. 이처럼 경영자로서 반드시 해야 할 일은 아주 사소한 것이라도 큰 의미를 갖는다.

일본에서는 은행에서 경영자가 골프를 잘 치는 기업에는 대출해 주지 않는다는 소문이 있다. 경영자가 골프에 빠져 있으면 사업에 집중하지 않으리라고 판단한다는 것이다. 사실 여부는 알 수 없어도, 어떤 의미인지 이해가 간다.

필자의 뼈아픈 경험을 공유하며 다시 강조하고 싶다. 운동선수가 있어야 할 곳은 운동장이듯 기업가가 머물러야 할 곳은 바로 일터, 내 기업이다. 나를 대신해서 전심전력을 다해 일할 사람은 그 어디에도 없다. 그 누구도 나의 역할을 할 수 없기에 경영자는 자신의 자리에서 자신의 일을 감당해야 하는 것이다.

나를 극복하고 타인을 편안하게 하는 태도

[아버지의 길]

필자는 경기도 양평의 작은 마을에서 태어나 지금까지도 같은 곳에 살고 있다. 아랫동네에는 여든 가구가, 윗동네인 우리 동네에는 열여섯 가구가 살고, 아랫동네에서 윗동네는 약 3km의 거리로, 산길을 걸어서 40분 정도의 시간이 소요된다.

초등학교 5학년 무렵의 일이다. 당시 아랫동네와 윗동네에는 변변한 큰 길이 없었다. 수백 년간 개울을 따라 길을 오르내린 것이다. 아버지가 마을 반장이 되고 가장 먼저 하고자 한 일은 동네로 올라오는 좁은 길을 넓히는 것이었다. 당시 우리 마을에는 트럭 같은 큰 차가 들어올 수 없어, 농사를 위해 비료를 구입해도, 아랫동네에 쌓아 두고 지게나 마차로 운반하곤 했다. 아버지는 "앞으로 마을에 큰 차가 들어와야 발전하니 큰길을 냅시다"라고 설득했지만, 윗동네 사람들은 "몇백 년 동안 잘 다닌 길이 있는데 무엇 하러 고생해서 새로 길을 내냐?"며 모두 냉담한 반응을 보였다.

마을 사람들을 설득할 수 없자 아버지는 여름철 어느 날, 커다란 쇠망치를 가지고 나가 혼자서 길을 가로막은 큰 바위를 깼다. 그러던 중 쪼개진 돌 조각이 튀었고, 아버지의 정강이에 부딪혀 큰 상처가 나고 퉁퉁 부었다. 한동안 아버지는 고통을 참으려고 밥 대신 술만 마셨다.

어머니는 "왜 혼자서 고생하며 그런 무모한 짓을 하느냐?"라며 핀잔을 줬지만, 아버지는 잠시 침묵 후 필자에게 다짐하듯 말했다. "얘야! 아버지는 꼭 우리 동네에 큰 트럭이 들어올 길을 만들 것이다. 지금은 힘들겠지만, 길이 나면 당장 나 자신이 편안할 뿐 아니라 후손들까지 편안해질 수 있지 않겠니. 아버지는 우리 동네에 어엿한 길을 만들 테니, 너 또한 너 스스로 인생을 개척하길 바란다."

결국 아버지는 길을 완성했고, 시멘트 포장까지 깔았다. 아버지는 초등학교도 끝까지 다니지 못한 분이지만 스스로 길을 개척했고, 그 덕분에 필자는 물론 필자의 아들딸, 그리고 마을 사람들까지 편하게 이동할 수 있게 됐다. 각종 농기계가 들어와 마을도 발전했다. 인생은 스스로 개척해야 한다는 그날 아버지의 말씀을 아직도 생생하게 기억한다.

아버지는 얼마 전, 아흔한 살의 나이로 돌아가셨다. 그리고 지금은 필자가 주도해 마을 길 확장 공사를 하고 있다. 필자는 이 길을 '아버지의 길'이라고 부른다. 그리고 아버지가 다쳤던 바위를 지날 때면 '내 인생은 스스로 개척해야겠다!'라고 다짐하곤 한다.

혼자만 편하겠다고 만드는 길은 오래 갈 수 없다. 길은 많은 사람이 오랫동안 혜택을 누리는 경우에만 참된 의미가 있다. 마찬가지로 사람은 누구나 자신의 인생과 비즈니스를 개척해야 한다. 누구도 자신의 인생을 대신 개척해 주지 않는다. 그리고 길이 옳은가의 기준은 '다른 사람까지 편안하게 하느냐'가 돼야 한다.

따라서 창업의 의의를 동양적인 측면에서 해석하면, '극기안인(克己安人)'이라는 단어로 정의할 수 있겠다. '자신을 어렵게 해서 타인을 편안하게 한다'는 뜻이다. 눈앞의 이익률, 당장의 돈만 좇아가는 창업은 성공하기 어렵다. 창업을 통해 자신을 극복하고 더 많은 사람을 이롭게 하고자 할 때 오히려 성공할 확률도 높고, 그 가치도 크다.

실제로 삼성 창업주 이병철 회장의 '사업보국(事業報國)' 정신에는 사업을 통해 나라를 지키고 국민을 부자로 만들겠다는 의지가 담겨 있다. 자신의 성공만큼 남들의 안위를 위하는 개척자의 정신이 결국 큰 기업을 만들었다.

실패하는 창업자들은 자신을 너무 편안한 상황에 둔다는 공통점이 있다. 사업장 운영 시간이 짧고 쉬는 시간이 너무 길다든지, 정해 둔 휴일 이외에 아무 때나 쉰다든지, 메뉴 등 상품에 대한 연구를 거의 하지 않는다든지 말이다. 프랜차이즈 체인점을 운영하는 사람 중에도 "본사에서 해 주는 것이 없다. 본사에서 잡아 준 점포 위치가 나쁘다. 본사에서 광고해 주지 않는다" 등 다양한 변명을 늘어놓으며 자신을 보호하는 경우가 있다. 물론 그 영향도 있겠지만, 같은 프랜차이즈에서도 매일 성실하게 일하고, 꾸준한 고객 관리를 통해 더 높은 성과를 내는 사람이 분명히 존재한다.

오솔길처럼 좁고 외로운 길이 있고, 고속도로처럼 넓고 화려한 길도 있다. 거칠고 사나운 산길이 있는가 하면, 평온한 둘레길 역시 있다. 또 육로가 있고 바닷길이 있고 하늘길이 있다.

한평생 걷는 인생길도 세상의 길처럼 다양하다. 사람은 세상에 태어나 각자 자신이 걷기로 결정한 길을 걷다가 간다. 일하지 않고 사는 삶이 있는가 하면, 과학자나 스포츠인 등 전문가의 삶도 있고, 난공불락(難攻不落)의 성에 끊임없이 도전하는 경영자의 삶도 있다. 어떤 삶이 더 좋으냐 나쁘냐가 아니라, 자기 삶의 목표를 어떻게 세우고 개척하느냐가 관건이다. 만약 지금 꿈과 야망 없이 그럭저럭 살아가고 있다면, 필자의 아버지가 만든 길 이야기를 들려주며 함께 걷자고 권유하고 싶다.

성공하고 싶은가? 그렇다면 당장은 힘들더라도 자신의 길을 스스로 개척해야 한다. 누구도 우리를 대신해서 성공의 길을 만들고 걸어 주지 않는다.

무덤에 묻힌 사람의 공통점

[로버트 프로스트의 길]

사람은 누구나 한 번쯤 시베리아처럼 추운 인생의 겨울을 만난다. 필자 또한 예외일 수는 없었다. 사업이 쇠퇴하기 시작하자 어려움은 햇수로 5년이나 지속됐다. 창업 컨설턴트로 명성을 날렸음에도, 수익은 나지 않아 직원들에게 월급을 주지 못하기 일쑤였다.

사업적 어려움이 계속되는 동안 집안 살림도 풍비박산 났다. 회사를 운영하기 위해 결혼 패물을 모두 팔아 치웠고 은행 대출도 한도까지 모두 사용했다. 강남에 있던 아파트를 팔아 더 작은 크기의 아파트로 이사했고, 그 아파트도 몇 달 만에 팔아 전세로, 몇 개월 만에 산꼭대기 옥탑의 월세방으로 이사해야 했다. 관리비를 내지 못해 가스와 전기가 끊기고, 전화도 쓸 수 없었다. 어린 자녀가 아플 때도 병원 가는 것은 고사하고 약도 못 사 줄 정도였다.

가끔 막내 처제가 월급을 받아 20~30만 원씩 주면 그것으로 밀린 세금을 내고 추위를 견뎠다. 매일 산꼭대기 옥탑방에 오르는 계단에 앉아 휘황찬란한 동대문 시장을 울면서 바라보며 기도했다. "제발 이 고통의 시간에서 벗어날 수 있게 해주세요."

아내와 자녀를 내팽개치고 포기할 수는 없어 버티는 날이었다. 혹독한 겨울이 지나갈 무렵, 컨설팅으로 인연을 맺은 건실한 기업 두 곳에서 스카우트 제의가 들어왔다. 조건도 매우 매력적이었다. 또래에 비해 네 배가 넘는 연봉을 제시했고, 주택과 학자금도 지급한다고 했다. 가족들과 주변에서는 "우선 직장 생활을 하고, 돈 모아서 나중에 다시 사업을 하라"고 권유했다.

고민하던 필자는 고향 집의 뒷산에 올라갔다. 어려서부터 생각이 많아질 때면 그곳에 앉아서 마을을 내려다보곤 했다. '계속 사업을 해야 할까? 아니면 직장생활을 하며 다시 때를 기다릴까?' 그때 지금껏 보이지 않던 묘지들이 눈에 들어왔다.

'저 묘의 주인은 살아 있을 때 욕심쟁이였는데.'
'저 묘의 할아버지는 괴팍하고 성질 나쁜 사람이었지.'
'저 묘에는 착하고 인심 좋았던 분이 묻혀 있는데.'

'저 묘의 할머니는 돈도 많고 배울 점도 많은 분이었는데, 일찍 돌아가셔서 아쉬워.'

그렇게 묘에 묻힌 이들을 떠올리다 보니 한 가지 공통점을 발견했다. 모두 죽은 사람들이라는 것이다. 좋은 사람이든 나쁜 사람이든, 그들은 이미 세상을 떠났기에 앞으로 발전할 가능성이 전혀 없었다. 반면 필자는 살아 있기에 스스로 선택하고, 변할 수 있었다.

그때 확신이 생겼다. '산은 돌아가는 것이 아니라 넘어가야 한다'는 것이다. 지금의 시련을 이기지 못한다면 결코 노련한 경영자가 될 수 없을지 몰랐다. 해야 한다고 생각할 때, 우직하게 버티며 앞으로 더 나아가야 했다.

필자는 취업을 포기하고, 사업을 유지하기로 했다. 그로부터 두 달 후, 그동안의 경험을 통해 큰 프랜차이즈 본사를 컨설팅할 기회를 얻었고, '죽이야기'라는 브랜드의 론칭을 준비할 수 있었다. 그해 8월, 을지로에 1호점을 오픈했고 같은 해 12월, 17호점까지 세우는 성과를 올렸다. 재정도 점차 정상으로 돌아갔다. 밥을 못 먹거나 전기, 가스가 끊기는 일도 다시는 없었다.

필자는 선택해야 할 때마다 미국의 시인인 로버트 프로스트(Robert Frost)의 〈가지 않은 길〉이란 시를 떠올린다.

노란 숲속에 두 갈래 길이 있었지요.

한몸으로 두 길을 다 가 볼 수는 없었기에.

그러다가 한길을 택하였지요. 그럴 만한 이유가 있었어요.

그 길에는 풀이 더 우거지고 사람의 발자취가 적었지요.

인생은 선택의 연속이다. 특히나 경영자는 사업의 규모와 관계 없이 남들보다 더 많은 선택을 해야만 한다. 일이 잘될 때와 잘 풀리지 않을 때의 격차가 매우 크므로, 선택의 책임도 크다.

그러나 경영자라면 한 번도 가 보지 않은, 자신만의 길을 선택해야 한다. 때로는 선택한 길이 틀릴 수도 있다. 하지만 그 길을 묵묵히 걸어가려는 태도도 필요하다. 자신의 선택에 스스로 책임지는 것이 인생이기 때문이다.

하루에 세 번 자신을 돌아볼 때 얻는 것

[증자의 세 가지 반성]

한 해가 시작할 즈음이면 많은 사람이 새롭게 목표를 세우고 각오를 다진다. 부침이 심한 경영의 세계에 속해 있다면 한 해를 시작하는 마음가짐은 더욱 다부질 것이다. 모든 사람이 마음먹은 대로 기업을 성공으로 이끌 수 있으면 좋겠지만, 현실은 녹록지 않다.

창업 컨설턴트인 필자가 성장이 멈춘 기업을 분석해 보면, 그 원인은 경영자에게 있는 경우가 대부분이다. 경영자 개인의 성장이 멈추어 있으면 기업도 결코 발전하지 못한다. 따라서 사업을 성장시키고 싶다면, 경영자 스스로 끊임없이 노력해야 한다. 또한 지속적인 발전을 도모하기 위해서는 우선 자신의 인생을 깊이 돌아보고 살피는 성찰의 자세가 필요하다.

경영자인 당신은 지금 매출이 부진하다고 낙담하는 중인가?
직원들이 속 썩인다고 불만스러워하고 있지는 않은가?
사업 환경이 나쁘다고 부정적인 생각을 하지는 않은가?

성찰(省察)은 《논어(論語)》에 자주 등장하는 단어로, 공자(孔子)의 제자 중 한 명인 증자(曾子)가 말했다. 증자는 '나는 매일 세 번씩 자신을 되돌아보며 산다(吾日三省吾身)'고 한 데서 유래됐다. 그렇다면 구체적으로 자신의 어떤 부분을 성찰해야 할까.

첫 번째는 '남을 위해 일을 꾀할 때 진심에서 나오지 않은 것이 있었는지(爲人謨而不忠乎)'를 반성하는 것이다. 공자의 제자 중 한 명이 "장사란 무엇입니까?" 하고 묻자 공자는 "장사란 고객을 만족시키는 것이다"라고 했다. 사업의 가장 큰 목적이 돈을 많이 버는 것일 수는 있지만 우선 나의 고객에게 최선을 다했는가를 되돌아봐야 한다. 경영자가 고객에게 진심으로 모든 역량을 쏟아 낼 때 돈은 자연히 따라온다. 직원 역시 '월급을 받으니까 일한다'라고 생각하면 업무의 능률이 크지 않다. 반대로 '일하니까 월급을 받는다'라고 할 때 성과가 나온다.

두 번째는 '벗과 사귀는 데 신의로서 하지 않은 것이 있었는가(與朋友交而不信乎)'를 돌아보는 것이다. 증자가 말하는 벗은 나이와 관계없이 생각과 철학이 비슷한 사람을 의미한다. 경영자에게는 직원, 거래처, 고객 등이 매우 중요한 벗이다. 하루에 세 번, 내가 돈을 벌도록 돕는 벗에게 신의를 지키고 있는지 돌아보는 경영자라면 결코 사업에 실패할 일이 없을 것이다. 또한 직원에게도 하루에 세 번씩 "고맙다. 당신 덕분에 우리 회사가 잘되고 있다" 라고 말하며 신뢰를 보인다면 직원은 단순한 계약 관계를 넘어 친근한 벗이 될 것이다.

마지막 세 번째는 '전해 받은 것을 행동으로 익히지 않았는지(傳不習乎)' 살피는 것이다. 증자는 '자신이 지닌 지식, 학식, 경험 등을 실행하고 있는가'를 중요하게 성찰했다. 새는 누가 알려주지 않아도 알에서 깨어나 날갯짓을 한다. 날고자 하는 것이 새의 본성이기 때문이다. 만약 무섭거나 해 보지 않았다고 가만히 있는다면, 새는 영원히 날지 못할 것이다. 사람도 대부분 효도의 중요성을 알고 있지만, 행동으로 옮기지 못하는 경우가 많다. 생각만 한다고 효자가 되는 것은 아니다. 부모님께 하루에 전화 한 통이라도 걸고, 따뜻한 말이라도 건네야만 비로소 효도가 된다. 마찬가지로 배운 지식, 습득한 정보, 남들로부터 들은 경험을 행동으로 옮기지 않고서는 결코 사업이 성공하길 기대할 수 없다.

필자도 하루 세 번 자신과 사업을 성찰한다. 아침에 일어나면 그날 스케줄을 살피며 오늘 만날 사람들에게 어떻게 감동을 줄까 고민한다. 그리고 서로 시간 낭비하지 않고 유익한 만남이 되도록, 구체적으로 무슨 이야기를 나눌지 다시 한번 확인한다.

출근하면 커피 한 잔을 마시면서 그날 처리할 업무를 다이어리에 전부 쓴다. 그리고 중요한 업무와 급한 업무를 구분하고 우선 중요한 일에 집중한다. 매일 급하게 처리할 업무가 생기므로, 당장 해야 할 일 위주로 처리하다 보면 진짜 중요한 업무는 놓칠 때가 많기 때문이다. 매일 아침 자신이 할 일을 다시 정리하는 것만으로도 무엇을 놓치고 있는지 확인할 수 있다. 그리고 본격적으로 업무를 하면서, 또다시 일이 올바른 방향으로 진행되고 있는지 성찰하는 시간을 갖는다.

교만한 사람은 결코 성찰할 수 없다. 스스로 부족하고 더 배워야 한다는 겸손한 마음 자세가 있을 때 비로소 성찰은 시작된다. 자신을 발전시키고 사업이 번창하길 바란다면 이제부터 하루에 세 번씩 성찰의 시간을 가져 보자.

사업가에게는 자신만의 덕목이 필요하다

[칭기즈칸의 매]

몽골 제국의 건국자 칭기즈칸(Chingiz Khan)은 숲에 떨어진 어린 매를 주워다가 몇 년 동안 정성으로 키운 적이 있다. 그에게 매는 둘도 없는 친구였고 사냥터에서는 훌륭한 부하였다. 어느 날, 칭기즈칸이 부하들과 사냥을 나갔는데 그날따라 사냥감이 눈에 띄지 않았다. 결국 사냥에 실패한 그는 지친 부하들을 돌려보내고 홀로 숲속 깊이 들어갔다. 숲을 헤매다 보니 자연스레 허기가 지고 목이 말랐다. 하필이면 여름 가뭄이 심한 때라 오랜 헤메임 끝에 겨우겨우 바위 절벽 위에서 똑똑 떨어지는 물방울을 발견할 수 있었다.

칭기즈칸이 물 잔에 물을 어렵게 모아 마시려는데, 매가 날아와서 잔을 걷어차는 게 아닌가. 그는 어이가 없었지만, 꾹 참고

잔을 주워 다시 한참 동안 물을 받았다. 힘들게 받은 물을 마시려는 순간, 또 매가 날아와 잔을 엎었다. 매가 버릇없다고 생각한 칭기즈칸은 칼을 꺼내 들고는 "한 번만 더 물 잔을 걷어차면 죽여 버리겠다"고 호통을 쳤다. 그러나 또 매는 물 잔을 낚아채 땅바닥에 내팽개쳤다. 화가 난 칭기즈칸은 단번에 매를 베어 버렸다.

매를 죽인 후, 칭기즈칸은 더 많은 물을 얻기 위해 바위 절벽을 타고 올라갔다. 그런데 그곳에 독사가 죽어 있는 것이 아닌가! 매가 아니었다면 독이 든 물을 마셨을 거라고 생각하니 아찔해지고, 또 한편으론 매에게 미안해졌다. 죽은 매를 들고 막사로 내려온 칭기즈칸은 금으로 매의 형상을 본뜬 후, 날개에 문구를 새겼다. "분노로 판단하면 반드시 실패하리라." 그리고 다른 쪽 날개에는 이렇게 적었다. "조금 잘못한 것이 있어도 벗은 벗이다."

칭기즈칸은 자신의 매를 죽인 경험에서 리더로서의 큰 교훈을 얻었다. 이전까지는 중요한 순간에 번번이 성급하게 판단해 실패했던 그는 '화가 났을 때는 아무것도 결정하지 말아야 하며, 성급히 행동해서도 안 된다'라는 덕목을 마음에 새김으로써, 역사에 남을 큰 지도자가 됐다.

얼마 전 30대 초반의 청년 사업가가 필자를 찾아와 이렇게 물었다. "사업가로서 누구를 존경하나요? 또 지금까지 어떤 생각으로 살아 오셨나요?"
그는 사업을 시작한 지 2년이 됐는데, 앞으로 더 성장하려면 어떻게 살아가야 하는지 궁금해 성공한 사장들을 찾아다니면서 인터뷰하고 있다고 했다. 그런 청년에게 들려준 이야기가 바로 칭기즈칸의 매 일화이다. 남들이 세운 덕목을 따르는 것도 필요하지만, 무엇보다 자신이 경험한 뼈아픈 실수나 인상 깊었던 사건을 통해 자신만의 목표를 세우는 게 가장 중요하다는 의미였다.

애지중지하던 매를 죽인 칭기즈칸이 '화가 났을 때 성급하게 행동하지 않겠다'라는 자신만의 덕목을 세우고 지킴으로써 수없이 많은 위기에서도 냉철함을 유지할 수 있었던 것처럼 말이다.

사업가로서 성공하기 위한 딱 하나의 덕목이란 존재하지 않는다. 사업가에 따라 중요하게 여기는 삶의 덕목은 다 다르기 때문이다. 필자는 집무실 출입문에 "나는 사장이다. 사장은 절제, 겸손, 건강, 배움이 필요하다"라는 문구를 붙여 놓았다. 가장 절실한 목표이자 결코 잃고 싶지 않은 이 네 가지 덕목을 사업가의 기준으로 삼은 것이다.

경영자 혹은 지도자로 살아가다 보면 수없이 많은 일을 겪게 된다. 때때로 나태해지고, 부정적인 생각이 들고, 자신도 모르게 오만해질 때도 있다. 이런 위기를 현명하게 극복하려면 칭기즈 칸처럼 자신만의 덕목을 세우고, 그것을 계속 떠올리며 지켜야 한다.

큰 경영자로 성장하기 위해 선배 사업가들을 찾아다니는 청년 사업가는 분명히 매우 중요한 리더의 덕목을 발견하고, 그것을 실천하며 성공하리라 단정한다.

사업의 길로 나서는 창업자라면, 다른 사람이 세운 삶의 기준을 살피며 우선 어떻게 살아갈 것인지 자신만의 덕목부터 세우자. 사장으로서의 덕목은 궤도에서 이탈하는 자신을 점검할 수 있고 다시 복귀시키는 구심점이 될 것이다.

싸움닭이 이기는 방법

[기성자의 나무 닭]

필자의 약점은 급하고 화를 잘 내는 성격이다. 고치려 하지만, 성급하게 판단해 크게 손실을 본 적이 한두 번이 아니다. 최근 필자 개인과 회사에 크고 작은 문제가 하루가 멀다 하고 일어났다. 거래처의 부도로 막대한 손실을 보는가 하면, 정직하지 못한 사람들에게 돈을 뜯기기도 했다. 코로나바이러스의 여파로 해외 사업을 철수하기도 했다.

악재가 쓰나미처럼 밀려오자 평정심을 유지할 수가 없었다. 분을 풀고자 가까운 가족, 친구, 직원들에게 짜증을 내고, 상처를 주곤 했다. 무엇보다 가장 많이 탓한 대상은 필자 자신이었다. 스스로를 미워하며 스트레스를 받았다. 그러나 발버둥치고 상황에서 벗어나려고 애쓸수록 삶은 더욱 꼬여만 갔다.

그러던 중 골프 경력이 30년이나 되는 J선배와 라운딩을 갔다. 그는 18홀 중 6번 홀부터 컨디션 난조를 보였다. 힘껏 친 공은 산으로 날아가거나 해저드(연못)와 벙커에 빠졌고, 스윙으로 공이 아닌 뒤땅만 수없이 치기도 했다. 필자였으면 벌써 스스로 탓하고 짜증을 낼 상황이었다. 하지만 J선배는 표정 하나 바뀌지 않고, 도리어 "골프가 잘될 적도 있고, 안 될 적도 있는 것이다"라며 안타까워하는 필자를 다독였다.

그렇게 전반 9홀이 끝나고 잠시 쉬는 시간, 필자의 사정을 아는 그는 "골프든 사업이든 일희일비하면 큰 사람이 못 된다"라고 슬쩍 조언했다. 후반전이 시작됐고, 선배는 지금까진 장난이었다는 듯 PGA 프로 골프 선수 같은 경기를 선보였다.

어려운 상황에서도 자신의 감정을 제어하면서 평정심을 유지하는 J선배를 보면서 《장자(莊子)》의 〈달생(達生)〉 편에 나오는 '목계지덕(木鷄之德)'이라는 고사성어가 떠올랐다.

춘추 전국 시대, 주나라 선왕은 싸움닭을 사육하던 기성자(記性子)에게 강한 닭을 만들어 달라고 부탁했다. 닭을 맡긴 지 열흘 후, 왕이 "닭이 싸우기에 충분한가?"라고 물었다. 그러자 기성자는 "아직 멀었습니다. 닭이 강하기는 하나 교만해 자신이 최고인 줄 압니다. 그 교만을 버리지 않으면 최고가 될 수 없습니다"라고 대답했다.

다시 열흘이 지나 왕이 묻자, 기성자는 "아직도 멀었습니다. 교만함은 버렸으나, 상대방의 소리와 그림자에 너무 쉽게 반응합니다"라고 대답했다. 또다시 열흘이 지나고 왕이 묻자 이번에는 이런 답이 돌아왔다. "아직도 아닙니다. 조급함은 버렸으나 상대방을 노려보는 눈초리가 너무 공격적입니다."

다시 열흘이 지났고, 기성자는 그제야 만족스러워하며 말했다. "이제 됐습니다. 이제 닭은 상대방이 아무리 소리를 질러도 반응을 하지 않습니다. 완전히 마음의 평정을 찾았습니다. 멀리서 보면 나무로 만든 닭처럼 보입니다. 이제 어느 닭이라도 도망갈 것입니다."

이 고사에서 우리는 강자가 되기 위해서는 자신이 최고라는 교만함을 버리고, 남의 싫은 말이나 도전에 쉽게 대응하지 않으며, 상대를 향한 공격적인 눈초리를 버려야 한다는 사실을 배울 수 있다. 경영자로서의 교훈은 총 네 가지로 정리할 수 있다.

첫째, 자신의 무지함을 알아야 한다. 모든 것을 다 알고 있다는 교만함은 반드시 버려야 한다. 경솔한 결정은 사업에 큰 타격을 줄 수밖에 없다.

둘째, 함부로 나서지 말자. 초보 싸움닭은 앞뒤 가리지 않고 상대에게 무작정 달려든다. 함부로 말하거나 행동하는 사람은 쉽게 이길 것 같지만, 진짜 강자를 만나면 큰코다치게 된다.

셋째, 상대방에게 지나치게 민감하게 굴지 말자. 라이벌이라고 하더라도 하나하나의 행동에 반응하고 흥분해서는 안 된다. 감정적으로 행동하면 반드시 틈을 보이게 되고, 질 수 밖에 없다.

마지막으로 넷째, 상대방에 대한 공격적인 눈초리를 버리자. 상대방의 행동을 객관적으로 지켜보고, 그들의 말을 경청해야 더 좋은 해결법이 나온다.

경쟁이나 싸움에서 지면 자신의 감정을 컨트롤하지 못하고, 불쑥불쑥 화가 끓어올라 주변 사람들과 자기 자신에게 상처를 주고 있는가? 그렇다면 기성자의 '나무 닭' 일화를 가슴 깊이 새기자. 결국 이기는 것은 평정심을 유지한 다음이다.

훌륭한 스승은 당신의 지름길이다

[유비의 책사]

사람은 누구나 정상에 있다가 나락으로 떨어질 수도 있고, 나락에서 정상으로 올라갈 수 있다. 누구에게나 실수나 시행착오가 생길 수밖에 없다. 그렇다면 강자만이 살아남는 창업과 사업이라는 정글에서 어떻게 하면 실패를 최소화하고 성공의 길을 갈 수 있을까?

필자는 학창 시절부터 장사와 학업을 병행했다. 초등학생 시절, 어머니를 따라 오일장에 나가서 장사를 배웠는데, 어머니는 장사 수완이 좋아서 언제나 좋은 가격에 물건을 빠르게 전부 팔곤 했다. 주변 경쟁이 심하지 않았고 판매 구조가 단순해서 큰 어려움은 없었다.

따라서 사회에 나와 처음으로 사업에 실패했을 때는 무척이나 당혹스러웠다. 어린 자녀가 있는 가장으로서 책임감이 막중했고 그로 인한 압박은 이루 말할 수 없었다. 필자는 실패의 원인을 찾으려고 고심했고, 지금 상태에서는 장사보다 규모가 큰 사업을 이끌기에 경험도, 자금도 부족하다는 결론을 내렸다. 무엇보다 위기 대처 능력이 매우 떨어졌다. 필자를 더 큰 세계로 이끌어 줄 멘토가 필요하다는 결론이 났다.

인류를 살아간 위대한 영웅의 뒤에는 언제나 지혜를 주고받을 스승이 있었다. 세계적인 부호 빌 게이츠(Bill Gates)에게는 마이크로소프트의 공동 창업자인 폴 앨런(Paul Allen)이 함께했고, 워런 버핏(Warren Buffett) 곁에는 투자가이자 경제학자인 벤저민 그레이엄(Benjamin Graham)이 있었다.

인도 독립의 아버지이자 명실공히 국부였던 마하트마 간디(Mahatma Gandhi)에게는 나이가 마흔한 살이나 많은 소설가 레프 톨스토이(Lev Nikolayevich Tolstoy)가 스승이었다. 간디는 무저항, 불복종, 비폭력을 인도 독립의 키워드로 사용하면서 사회 운동을 진행했다. 그의 평화적 사회 운동에 영감을 준 인물이 톨스토이다. 간디는 사회에서 소외된, 가난한 사람들을 묘사하고, 사회 문제에 대해 의미 있는 해답을 내놓았던 톨스토이를 존경했다.

하지만 시대적 여건 탓에 인도에 살던 간디가 러시아의 톨스토이를 직접 찾아가기는 불가능했다. 간디는 톨스토이를 스승으로 모시고자 러시아로 편지를 보냈고, 여러 통의 편지를 통해 서로가 생각하는 평화의 정의에 대해 의견을 나눌 수 있었다. 편지로서 톨스토이의 사상을 배우고자 했던 것이다.

영국에서 인도 총독으로 부임했던 루이스 마운트배튼(Louis Mountbatten)은 "역사는 간디를 예수와 부처의 동급으로 간주할 것이다"라고 말했다. 이처럼 인류의 위인 중 한 사람으로 불린 간디조차 자신을 가르칠 스승을 만나기 위해 노력했다.

《삼국지(三國志)》의 중심인물인 유비(劉備)는 돗자리 장수 출신이다. 그는 큰 뜻을 품고 세상에 나왔지만 전쟁에서 번번이 패배하고 만다. 그는 자신을 한 단계 더 성장시킬 조언자를 찾던 중 서서(徐庶)를 만나고, 그의 조언 덕분에 조조의 오른팔인 조인과의 전투에서 첫 승리를 맛보게 된다. 이후 유비는 더 큰 성장을 위해 제갈량(諸葛亮)과 방통(龐統)을 곁에 두었고, 결국 촉한이라는 독립국을 건국했다. 이 역사적 사실은 역시 우리에게 올바른 조언의 중요성을 알려준다.

변화와 위기의 시대를 살아가는 창업자들에게는 지혜와 경험을 갖춘 스승이 필요하다. 필자는 창업과 프랜차이즈 분야에서 위기를 극복하고 다음 전략을 구상한 전문가를 스승으로 모시고자 수소문했다. 결국 필자에게 필요한 지식을 갖춘, 세 분의 훌륭한 스승을 만날 수 있었다. 새로운 위기를 마주할 때마다 그들을 찾아갔고, 밤새워 대화하다 보면 살아 있는 경험으로부터 지혜를 얻을 수 있었다. 필자가 20년 넘게 프랜차이즈 사업을 안정적으로 유지할 수 있었던 비결은 모두 뛰어난 스승들의 가르침 덕이라고 생각한다.

또한 10대 때는 20대, 20대 때는 30대 선배들을 찾아가서 교류했다. 필자보다 세상을 앞서 산 이들에게 배울 것이 많았기 때문이다.

창업 후 매출 10억 원을 올릴 때는 100억 원 매출을 달성한 선배와 가까이했고, 100억 원 매출을 올리고는 1,000억 원 매출을 만든 경영자를 찾아 멘토로 삼았다. 그들은 필자와는 다른 생각, 다른 행동을 했다. 필자보다 10년 혹은 20년 앞서가는 사람들이었고, 따라서 10년 공부보다 하룻밤 스승과의 대화가 더 큰 도움이 됐다.

젊은 세대들이 가끔 필자에게 '돈은 어떻게 하면 모을 수 있나요?' 혹은 '매월 얼마씩 적금을 하면 좋을까요?'라고 질문할 때가 있다. 그러면 필자는 '돈이 있다면 자신에게 가르침을 줄 선배를 만나는 데, 그리고 책을 사는 데 쓰라'라고 대답한다.

지금 하는 사업이 잘 풀리지 않아 인생의 절망 한가운데에서 낙심하고 있는가? 그렇다면 바닥까지 떨어졌다 정상으로 올라간 선배를 찾으라. 지금 인생의 갈림길에서 어느 쪽을 선택해야 할지 고민되는가? 그렇다면 우선 앞서 길을 선택한 스승을 찾아 떠나라. 변화와 위기의 시대, 훌륭한 스승은 당신에게 지름길이 될 것이다. 고생길을 돌아서 갈 필요는 없다.

성공은 돈과 명예가 아니다

[어머니의 욕심]

필자는 어렸을 때, 주변 친구들로부터 '뺑쟁이'라는 소리를 자주 들었다. 그도 그럴 것이 언제나 이루고 싶은 것도, 갖고 싶은 것도 많아서 친구들에게 자주 호언장담했기 때문이다. "돈 잘 버는 사장이 되겠어.", "멋진 교수가 되고 싶어.", "홍콩 배우 성룡 같이 유명한 액션 배우가 될 거야!"

필자의 어머니도 욕심이 많아서 억척같이 일했는데, 돈 문제로 부딪힐 때마다 동네 어른들은 "재는 엄마를 닮아서 욕심이 많아"라고 어머니와 필자를 싸잡아서 핀잔을 주곤 했다. 속상해하는 필자에게 어머니는 "욕심이 없는 것보다 있는 게 더 좋아. 자신을 발전시키는 것은 꿈과 목표란다"라고 다독였다.

창업 희망자나 학생들에게 강의할 때면, 그들은 종종 "당신은 돈을 많이 벌었으니 성공한 것 아니냐?"고 묻는다. 하지만 필자는 그때마다 "나는 결코 성공하지 못했다"고 답한다. 세상의 많은 사람이 돈을 많이 벌었거나 대단한 권력, 대중적 인기를 얻으면 성공했다고 생각한다. 하지만 돈을 기준으로 성공을 판단한다면 돈 많은 사람은 다 성공한 것일까? 반대로 돈은 없지만 자신이 추구하는 삶을 살면서 만족을 느끼는 사람은 성공하지 못했다고 단언할 수 있을까?

필자가 생각하는 성공의 기준은 돈이 아니라 '꿈과 목표를 얼마나 이루었느냐'이다. 필자는 스스로 세운 목표의 10분의 1도 이루지 못했기 때문에 성공하지 못했다고 말한다. 필자 주변에는 돈과 명예, 권력이 넘치지만 우울증에 시달리는 사람도 있고, 입버릇처럼 외롭고 슬프다고 말하는 사람도 있다. 그들을 결코 성공했다고 말할 수는 없다.

창업자들과 이야기를 나누다 보면, 재미있는 사실을 알 수 있다. 오로지 돈을 벌겠다는 목표로 애쓰는 사람보다 창업을 통해서 자신의 꿈과 목표를 이루겠다고 대답하는 이들의 성공률이 높다는 사실이다.

오로지 돈을 목표로 할 때 성공할 수 있다는 일반적인 생각과는 달리, 마음이 여유로운 창업자가 더 높은 확률로 성공하는 이유는 뭘까? 돈을 벌겠다는 의지가 지나치게 강한 창업자는 고객에게 인색하다. 돈만 좇는 태도가 느껴지면 고객은 떠나간다. 반대로 자신의 꿈을 실현하고자 창업하는 이들은 고객 입장을 충분히 생각하고 배려하기 때문에 한번 생긴 고객을 오랫동안 단골로 유지할 수 있다.

사업을 통해 자신이 궁극적으로 이루고자 하는 목표는 눈에 보이듯 선명하고 구체적으로 꿈꿔야 한다. 필자는 고향에 어려서부터 갖고 싶었던 땅이 있었다. 주변 환경이 무척이나 아름다워서, 그 땅에 필자가 설계한, 사방이 창으로 뻥 뚫린 집을 짓고 여유롭게 살고 싶었다. 50대가 된 어느 날, 그렇게 생생하고 구체적으로 꾸었던 꿈이 이루어졌다. 그제야 필자는 성공에 한 발자국 가까워졌다는 느낌이 들었다. 좋은 집에서 살게 돼서가 아니라, 어려서부터 꾸었던 꿈을 이루었기 때문이다.

성공한 인생을 살고 싶다면, 잠시 삶의 걸음을 멈추고 꿈과 목표를 확인하고, 구체적이고 생생하게 세워야 한다. 꿈과 목표 없이는 결코 성공도 없다.

이루고 싶은 게 있거든 체력 먼저 기르자

[세종의 건강]

tvN 드라마 《미생》에 필자를 감동시킨 명대사가 나온다. "네가 이루고 싶은 게 있다면 체력을 먼저 길러라. 네가 종종 후반에 무너지는 이유, 데미지를 입은 후에 회복이 더딘 이유, 실수한 후 복구가 더딘 이유. 다 체력의 한계 때문이다."

세종대왕은 대한민국 국민이 가장 존경하는 왕이자 조선 500년 최고의 성군으로 꼽힌다. 빛나는 업적으로 조선 시대 최고의 황금기를 이끌었던 세종대왕은 많은 질병에 시달리다가 쉰두 살에 승하했다. 그는 어려서부터 학문에 매진했고, 20대 초반에 왕위에 올라서는 심혈을 기울여 국정을 돌보았다. 그렇지만 운동도 하지 않고 과도한 육식을 즐겼다고 한다. 이로 인해 그는 재위 후반에는 각종 질병에 시달렸으며 눈도 잘 보이지 않았다. 건강을 잃은 후에는 세자 향(문종)에게 왕위를 넘기고 국정을 대리청정해야 하는 상황도 생겼다.

세종대왕은 조선의 더 큰 중흥을 이끌 수 있는 재능이 있었음에도 건강 관리에 실패하여 그 뜻을 다 펼치지 못했다. 개인적으로도, 그리고 나라 전체로도 안타까운 일이 아닐 수 없다.

필자의 후배 S가 국밥집을 차린 적이 있다. 점포 보증금 3,000만 원, 월세 250만 원에 시설 인테리어 비용도 5,000만 원이 투자됐다. 부모님의 도움으로 어렵게 창업했기에, 빌린 돈을 빨리 갚아야 한다는 생각으로 그는 오픈 초기부터 의욕이 넘쳤다. 어린 아이들을 위해서라도 경제적 자립이 필요했기 때문에 좀 더 많은 수익을 얻고자 아침 6시부터 저녁 8시까지 하루도 쉬지 않고 매장을 돌봤다. 인건비를 아끼고자 직원도 딱 한 명만 고용했다.

필자는 S사장을 만날 때마다 "장사는 마라톤 경기야. 그러니 오픈 초기부터 지나치게 몸을 혹사시키면 오래 할 수 없어"고 하면서 "직원도 채용하고, 건강 관리를 위해 운동도 해야 한다"라고 조언했다.

하지만 그럴 때마다 S사장은 "형님! 저는 체력 하나는 자신 있어요. 돈 좀 벌면 직원을 더 쓸게요"라고 하며 자신만만했다. 필자는 S사장을 볼 때마다 걱정을 했는데, 아니나 다를까. 식당 연지 6개월도 안 돼 몸에 이상이 생겨서 일을 할 수 없게 됐다. 식당 문을 닫고 임대를 내놓았지만 가게는 팔리지 않았고, 추가적인 손해를 볼 수밖에 없었다.

경영자가 아무리 의욕이 넘치고 타고난 체력이 좋다고 해도 건강 관리를 못하면 결코 지속적인 성공을 할 수 없다. 필자는 젊은 사업가를 만날 때마다 꼭 이렇게 이야기한다. "가능하다면 담배는 아예 피지 말고, 술은 지나치게 마시지 말라." 건강의 위기를 느끼지 못하는 청년들은 늦은 밤까지 술을 마시는 경우가 많다. 건강만 문제는 아니다. 술을 지나치게 마시고 난 다음 날엔 몸이 피곤하고, 피곤하면 귀찮아서 일하기 싫어진다. 뿐만 아니라 머리가 무거워서 일의 능률이 떨어지기 마련이다.

체력이 약해지면 쉽게 피로해져 기억력이나 집중력에 문제가 생기며 의욕을 상실하게 된다. 또한 자주 화를 내거나 이기적인 행동을 하기도 한다. 그래서 이루고 싶은 것이 있다면 먼저 체력을 키워야 한다. 그렇다면, 체력을 키우기 위해 최소한으로 필요한 자세는 무엇일까.

첫째, 절제력이 필요하다. 먹고 마시는 데도 꾹 참는 연습이 필요한 법이다. 가급적 자극적인 음식이나 기름진 음식을 피해야 한다. 너무 늦게 자거나 일어나는 등 게으른 생활도 피해야 한다. 무엇보다 너무 많이 일하려고 무리하는 것 또한 참는 연습이 필요하다.

둘째, 규칙적인 운동이 필요하다. 매일 하면 좋겠지만 주 1~2회라도 꾸준한 유산소 운동이나 근력 운동이 필요하다. 일어나서, 혹은 잠들기 전에 스트레칭이라도 시작해 보자.

셋째, 스트레스를 멀리해야 한다. 자신만의 스트레스 해소 방법을 찾는 것이 중요하다. 결국 스트레스가 만병의 근원이 된다.

한때 나라의 목표로 '체력은 국력'이라는 구호를 삼았던 적이 있다. 온 국민이 가난을 극복하고자 열심히 일하면서 운동을 통해 체력을 키우던 시대이다. 우리나라가 1984년 미국 LA올림픽에서 종합 순위 10위를 할 무렵부터 나라와 국민이 더 잘 살게 됐다는 측면에서 볼 때, '체력은 국력'이란 말이 틀린 것도 아닌 듯싶다.

경영자는 물론 회사 또한 모든 소속원이 건강할 때 성장을 기대할 수 있다. 옛말에 "호랑이 굴에 들어가도 정신만 바짝 차리면 된다"라고 했다. 몸이 허약하면 결코 정신을 바짝 차릴 수 없다. 당신이 지금 이루고 싶은 것이 있다면 당장 체력부터 키우자.

혼자 있을 때 문제를 해결할 지혜가 생긴다

[서경덕과 자연]

조선 시대 인물 중 필자에게 가장 큰 영향을 준 이는 조선 중기 유학자 화담 서경덕 선생이다. 우리 마을에는 그의 호를 딴 '화담재'라는 계곡이 있다. 천마 폭포, 선녀탕, 임산골 등 절경이 많지만 그중 화담재는 으뜸가는 비경을 자랑한다.

서경덕 선생은 태몽부터 예사롭지 않았고, 어린 시절부터 총명했다고 전해진다. 특히 주변 사물에 대한 호기심이 많아 세상의 모든 사물과 현상을 하나하나 규명하려고 했다. 또한 저녁이 되면 해가 넘어가는 것과 비가 오는 것, 바람이 부는 것, 온천수가 뜨거운 이유 등에 일일이 의문을 가지며 잠시도 쉬지 않고 모든 이치를 알고자 했다.

하루는 그의 어머니가 밭에 나가 채소를 뜯어 오라고 했는데,

나가던 중 새가 나는 이유가 궁금해 따라다니다가 다른 일은 모두 잊고 돌아왔다고 한다. 그의 엉뚱한 일면을 볼 수 있는 동시에 그가 얼마나 실험적이고 과학적인 인간인지 잘 드러나는 일화이다. 자연과 사물의 이치를 규명하려 노력한 결과, 그는 기(氣, 에너지)의 일원론을 주장하기도 했다. '모든 에너지는 전환될 뿐 사라지지 않는다'라는 서구의 에너지 보존의 법칙보다 300년이나 빠르다.

그는 독학으로 글자를 깨칠 만큼 명석했지만 벼슬에는 뜻을 두지 않았다. 수많은 관리의 추천을 받아 높은 관직에 천거됐으나 사양하고 자신의 고향인 개성에 '꽃피는 연못'이라는 뜻의 화담(花潭)이라는 서재를 세워 연구와 교육에 더욱 힘썼다.

지나친 공부와 연구로 건강이 악화된 그는 전국의 명산으로 휴식을 떠나게 됐고, 그곳에서 당대의 유명 학자들을 만나 교류했다. 그는 조선의 수많은 학자 중 스승이 없는 특이한 인물이다. 서경덕은 "진정한 스승은 자연과 책이며, 스스로 깨치는 것만큼 큰 즐거움은 없다"고 말했다.

이렇듯 서경덕의 명성이 개성 지역에 파다하게 퍼지자 당대 최고의 기생이었던 황진이가 그를 유혹하기도 했다. 갑자사화(甲子士禍)와 기묘사화(己卯士禍) 등 혼란기를 겪으면서 사회에 대한 불만이 커지던 중 이러한 유혹까지 겹치자, 그는 모든 것을 뿌리치고 개성을 떠났다. 이후 찾아온 곳이 바로 우리 마을이다.

그는 계곡과 바로 접하는 곳을 자신의 집터로 삼고 유유자적 살았다.

시간이 흐르고, 어찌 된 연유인지는 모르지만 서경덕의 집터는 필자의 부모님 소유가 됐다. 그의 집터에는 어찌 보면 할머니 얼굴로 보이고 어찌 보면 원숭이 얼굴처럼 보이는 큰 바위가 있다. 그 바위 밑에는 작은 동굴이 있는데, 필자는 어린 시절부터 그 동굴에서 명상하기를 즐겼다. 또한 근처의 화담재를 산책하는 것도 좋아했다.

동인과 서인, 북인이 엉켜서 서로 싸우던 조선 중기, 서경덕이 세상의 시름을 덜고자 찾아와 머무른 화담재. 그곳에서 혼자만의 시간을 가지다 보면 사람에게 얻은 상처가 치유되고 세상의 근심걱정이 사라졌다. 그리고 이내 다시 도전할 용기와 사업에 필요한 아이디어가 샘솟았다.

필자가 운영하는 죽 전문점 '죽이야기'에 대한 아이디어도 이곳에서 나왔다. 창업에 실패해 힘들었을 때, 필자는 화담재 앞에 앉아 흐르는 물을 하염없이 바라보고, 바위에 누워 병풍처럼 둘러 싸인 산 사이의 하늘을 살피며 어떻게 재기할 수 있을까 고민했다.

고심 끝에 지금 자연에서 느끼는 감정을 음식으로 풀어 봐야겠다고 생각했다. 그리고 생각난 아이템이 몸에 좋고 먹기도 편한 죽이었다. 이후 '죽은 은혜로운 약으로, 이로움이 많다'라는 말을 '죽이 약이다(粥而藥利多)'라고 줄이고, 발음대로 풀어서 '죽이야기'라고 작명했다.

이후에도 복잡한 사회와 얽힌 사람들을 피해서 자연 속에서 홀로 고민하다 보면 사업 아이디어를 얻을 수 있었다. 지금도 필자는 사업에 위기가 오거나 열정이 식을 때면 혼자 있을 곳을 찾아 복잡한 머리를 정리하고 새로운 계획을 세우곤 한다.

서경덕은 자신의 스승이 자연과 책뿐이었다고 했다. 산수가 수려한 곳을 자주 유람했고 속에서 자신도 모르게 뛰어난 경치에 감탄하여 춤추듯 걸었으며, 혜성같이 빛나는 눈빛으로 사물을 관찰했다고 전해진다. 하는 일이 잘 풀리지 않거나 머리가 복잡하다면 그처럼 자연에서 혼자만의 시간을 보내길 제안한다.

꼴값을 떨어야 하는 이유

[공자의 수기안인]

흔히 격에 맞지 않는 아니꼬운 행동을 하는 사람을 보고 '꼴값 떨고 있다'라고 표현한다. 따라서 '꼴값 떨고 있다'라고 하면 됨됨이가 좋지 않아 천방지축으로 튀는 행동을 한다는 부정적 이미지가 강하다.

하지만 실제 '꼴'이라는 단어 자체에는 긍정적이나 부정적인 뉘앙스가 없다. 국어사전을 살펴보면, '꼴'은 겉으로 보이는 사물의 모양, '값'은 가격이라고 풀이된다. 품격 있고 좋은 단어, 생각. 말, 행동 등을 겉으로 계속 표현하는 꼴값을 떤다면 그 사람은 분명 멋진 사람으로 구분될 것이다.

가난한 집에서 태어난 필자는 세상에 대한 불만이 많았다. 당연히 마음속 불만은 밖으로 표출됐다. 주변에도 필자와 비슷한 생각을 가지고, 거친 언행을 하는 사람이 훨씬 많았다.

그런데 결혼 후 어느 날, 아내와 필자는 멋진 사업가를 만나게 됐다. 그와 함께 있는 시간은 마음이 편했고, 자연스럽게 긍정적이고 발전적인 이야기를 나누게 됐다. 그를 만나고 집으로 돌아오는 길에 아내는 조심스럽게 부탁했다. "앞으로 옛날 친구들은 그만 만났으면 좋겠어. 난 당신 주변에 K대표님처럼 멋진 분이 많기를 바라." 잠시 K대표와 필자의 생각과 말, 행동 등을 비교한 필자는 스스로의 행동이 얼마나 품격 없었는지를 깨달았다. 그때부터 생각부터 행동까지 전부 바꾸려고 노력했다. 처음으로 시도한 일은 모범적인 사람들을 찾아 가까이한 것이다. 성공한 사람들은 모든 것이 필자와 달랐다. 생각부터가 올바르고 정직했기에 배울 점이 무척이나 많았다.

몇 번을 만나도 또 만나고 싶은 사람들은 마음 씀씀이와 인간됨됨이가 컸다. 일적으로, 인간적으로 성공한 사업가들은 최소한의 옷으로 멋 부릴 줄 알고, 음식을 먹을 때도 예의를 갖추었다. 말 한마디 한마디도 실수하지 않으려고 노력했다. 술을 많이 마셨다고 해도 빈틈을 보이지 않았다,

물론 단순히 돈으로 품격 있는 사람과 없는 사람이 가려지는 것은 아니었다. 지금 당장 가진 것은 없지만 그릇이 크고 깨끗한

사람은 티가 났다. 그런 사람을 지켜보면, 언젠가 때가 됐을 때 자신의 분야에서도 크게 성공하는 것을 볼 수 있었다.

나와 내 주변이 모두 품격 높은 꼴값을 떠는 사람으로 채워질 때, 우리는 성공한 인생을 살 확률이 높아진다. 그렇다면 우리는 어떻게 좋은 꼴값을 떠는 사람이 될 수 있을까?

공자는 "어진 사람의 행동을 보고는 그와 같아지기를 생각하며 어질지 못한 이의 행동을 보고서는 내 안에 그런 나쁜 점이 있는지를 스스로 성찰해야 한다"며, 수기안인(修己安人)의 자세를 강조했다.

이 말은 스스로 부족한 부분은 채우고, 과도한 것은 덜어 내라는 뜻이다. 다시 말해서 우리는 스스로 갈고 닦아 자신의 주위를 이롭게 해야 한다.

다시 한번 강조하지만 더 큰 리더가 되기 위해서는 자신 안의 나쁜 생각, 그리고 나쁜 말과 행동을 버려야 한다. 명품과 같은 꼴값을 떨게 되면 우리 주변에는 좋은 사람, 성공한 사람들이 채워진다. 필자가 나쁜 생각, 가벼운 행동으로 격 떨어지는 삶을 살았을 때는 주변에 수준 낮은 사람들뿐이었다. 명품을 걸칠 때가 아니라 품격 있는 삶을 살아갈 때 비로소 자신이 명품으로 평가받는 삶을 사는 것이다.

사람은 누구나 소중하다. 그러므로 자기 자신을 사랑하고 지킬 책임이 있다. 불량한 생각, 나쁜 말, 거친 행동은 자신을 파괴할 뿐이라는 걸 기억하자.

2장

관리자의 자리

선무당이 회사를 망친다

[쌍령 전투]

생무살인(生巫殺人)이라는 말이 있다. 옛날에는 의술이 부족해 무당을 통해 병을 고치곤 했는데, 미숙한 무당이 나설 경우엔 오히려 사람을 죽는 경우가 생겼다. 즉, 완성되지 않은 기술을 가진 사람으로 문제를 해결하려다 도리어 큰 사고가 벌어질 때 자주 쓰는 말이다. 우리 역사에도 선무당 때문에 도리어 문제가 커진 사례가 아주 많다.

양평에서 서울 강남, 송파나 경기도 성남 지역으로 가려면 경기도 광주에 위치한 대쌍령리 고개를 지나게 된다. 이곳을 지날 때면 항상 한숨이 나오고 화가 복받쳐 오른다. 그 이유는 어처구니없는 한국사 3대 패전으로 꼽히는 쌍령 전투가 있었던 장소이기 때문이다.

조선 시대 인조 재위 시절, 청나라의 12만 대군이 조선을 침략했다. 피난 중 강화도로 가는 길이 차단되자 인조는 급하게 남한산성으로 피신했다. 고립된 인조를 구출하기 위해 경상 좌병사 허완과 우병사 민영이 군사를 이끌고 남한산성에서 10km 정도 떨어진 광주 쌍령에 집결했다. 후방에는 경상도 관찰사 심연이 후속 부대를 이끌고 충주에 진을 쳤다. 이때 소집된 조선의 군사는 조총으로 무장한 4만 명이었고 청군의 정예군은 기병 300명이라고 알려져 있다.

그러나 1637년 1월, 조선의 4만 군사는 청나라 군사 300명에게 처참하게 패한다. 물론 역사는 언제나 승자 편에서 기록되기 때문에, 패자인 조선의 흑역사를 강조하려고 청나라에서 부풀린 숫자일 수도 있다. 하지만 여기서 중요한 부분은, 군사의 정확한 숫자가 아니라 선무당처럼 어설픈 지도자가 군대를 이끌었을 때의 참혹한 결과이다.

쌍령 전투의 패전 원인은 무엇일까?

첫째, 군사들이 제대로 훈련되지 못했다. 임진왜란으로 조총의 위력을 실감한 조선은 군대를 조총으로 무장하기 시작했다. 하지만 '전투 대형 유지'와 '사격 통제' 등 정교한 군사 매뉴얼과 구체적인 사격 훈련이 없었던 탓에 빠르게 진격해 오는 청나라

기마병 앞에서 우왕좌왕 혼란에 빠질 수밖에 없었다. 훈련되지 못한 군대가 맞을 최후는 죽음뿐이었다.

둘째, 군사 전략에 무지한 문신의 등용이다. 남한산성에 갇힌 인조를 구하고자 심연은 문인 출신인 도유경을 급파했다. 도유경은 병법을 전혀 몰랐음에도 장수들의 작전 계획을 묵살했고, 우병사 군관 박충겸이 공격을 머뭇거린다고 참수했다. 이로 인해 조선군은 급격히 사기가 떨어졌고 추위와 굶주림이 겹치면서 전세는 급격히 무너졌다.

기업 또한 비전문가를 등용해서 실적을 낼 수 없는 것은 당연한 이치이다. 필자는 회사가 한참 성장하던 시기에 경영전략실 직원으로 K과장을 채용한 후 그 사실을 깨달았다. 그는 대기업의 경영전략실에서 근무한 경력이 있었고, 국내 유명 마케팅 회사에서도 크고 작은 성과를 냈다. 하지만 기존 직원들보다 높은 연봉을 제시했기 때문에 채용을 고민하지 않을 수 없었다. 망설이는 필자에게 그는 자신감 있게 말했다. "연봉만큼 바로 성과가 나지 않으면 수습 3개월 후에 정식으로 고용하지 않아도 좋습니다."

그는 입사 후 빠르고 정확하게 업무를 배우고 처리했을 뿐 아니라 경영자로서 필자가 고민하던 부분도 짧은 시간에 파악하고 해결책을 제시했다. 하지만 K과장은 결국 필자와 오래 일하지 못했다. 그의 상사였던 본부장이 사사건건 태클을 걸어왔고, 그는 더 이상 역량을 펼칠 수 없다며 수습 기간을 채우고는 퇴사를 결정했기 때문이다.

그의 대표적인 제안은 해외 매장 철수였다. 필자가 운영하는 죽 전문점은 2008년부터 중국, 미국, 일본, 싱가폴, 베트남, 홍콩 등에 진출했다. 하지만 막대한 자금이 쏟아져 들어간 데 비해 좀처럼 흑자를 내지 못하고 있었다. K과장은 해외 사업을 접고, 그 자금을 국내 유통시장에 투자할 때라고 주장했다. 또한, 새로운 형태의 죽을 개발해서 온라인과 마트, 편의점과 같은 오프라인에서도 판매해야 한다고도 말했다.

하지만 본부장은 "지금까지 해외에 투자된 자금을 고스란히 손실 본 채로 철수할 수는 없다"라고, 또한 "새로운 형태의 죽을 만들어 일반 유통을 한다면 가맹점에 피해가 갈 수도 있다"라고 반대했다. 결과적으로 직급이 높은 본부장의 힘에 밀려 K과장의 제안은 묵살됐다.

해외 사업은 끝까지 돈 먹는 하마로 남았고, 철수 후에야 재정적인 부담을 줄이고 다른 사업에 투자할 수 있게 됐다. 또한 짜 먹는 죽을 개발해 온라인과 마트, 편의점, 약국 등에 유통하면서 새로운 비즈니스 기회가 생겼다. 고객층이 완전히 달라 기존 가맹점들의 수익에 큰 영향을 미치지도 않았다. K과장의 제안이 옳았던 셈이다. 그가 퇴사하며 남긴 몇 가지 조언 중 지금까지 특별히 기억나는 말이 있다. "회사의 높은 직급일수록 선무당을 써서는 안 됩니다."

자신의 상사였던 본부장을 의중에 두고 한 말이었다. 당시 그의 제안을 묵살했던 본부장은 경영학 관련 공부를 한 적도 없고, 변변한 경력이 있는 것도 아니었다. 조직 관리 경험이나 프로젝트를 주도해 성공시킨 사례도 없었다. 그렇다고 혼자서 독서하거나 배움을 즐기지도 않았다. 오랜 세월 같은 회사에서 일하다 보니 저절로 직급이 올라간 케이스였다. 그럼에도 그를 믿고 계속 회사를 맡겼던 이유는, 근속 연수만큼 그가 우리 회사를 잘 알고 있으며 믿을 만하다고 판단했기 때문이다.

많은 경영자가 '오래 일해서' 혹은 '잘 알아서', '편하니까' 등의 이유로 한 사람에게 큰 권력을 주거나 그를 깊이 믿곤 한다. 본부장은 가족적인 회사를 만들겠다며 직원들과 회식 자리를 자주 가졌다. 또한 누구보다 일찍 출근하고 늦게 퇴근해 늘 피곤해 보였다. 당시에는 그 모습을 누구보다 회사에 열정이 있다고 해석했다.

결국 본부장이 주도했던 업무는 대부분 실패했다. 해외 사업, 국내 직영점 사업, 제조 유통, 하청 업체 관리, 인사 관리 등 무엇 하나 제대로 성과를 낸 것이 없었다.

준비돼 있지 않은 직원을 중간 관리자로 등용시켰을 때 회사는 돈과 인재를 함께 잃을 수 있다는 뼈저린 경험이었다. 선무당의 특징은 어설프게 알면서, 전부 아는 것처럼 포장한다는 점이다. 그리고 자신의 뜻이나 프로젝트가 관철되지 않으면 팀원들의 문제라고 탓을 돌리거나 남들이 자기 능력을 알아보지 못한다며 남 탓을 한다.

회사가 어설프게 업무를 처리하는 직원들로 채워져 있으면 성장의 기회를 잡을 수 없다. 지금 바로, 우리 회사 조직을 망치는 선무당이 몇 명인지 점검해야 한다. 업무 처리가 미숙한 선무당과 함께라면 당신의 회사는 결코 1등 기업이 될 수 없다.

진짜와 가짜를 구별하는 법

[솔로몬과 두 어머니]

찰리 채플린(Charles Chaplin)은 영화계의 거장이자 영화 역사상 가장 위대한 인물 중 한 사람이다. 할리우드는 물론 영미권에서 최고의 인기를 누리던 20세기 초에는 '찰리 채플린 흉내 내기' 경연 대회까지 열릴 정도였다. 그를 따라 하는 것이 대유행하던 시절이다. 어느 날 찰리 채플린은 장난삼아서 몰래 그 대회에 출전했다. 그런데 정작 찰리 채플린은 4등을 하고, 가짜 찰리 채플린들이 1~3등을 차지했다고 한다.

이처럼 세상에는 가짜가 진짜보다 더 그럴듯하게 둔갑하는 경우가 많다. 약육강식이 난무하는 비즈니스 세계에서, 경영자가 가짜를 진짜로 착각하고 거래한다면 막대한 손실이 일어날 것은 자명하다. 따라서 경영자에게 필요한 덕목 중 한 가지를 꼽으라면 '사람을 보는 안목'일 것이다. 그렇다면 안목은 어떻게 키울 수 있을까?

필자와 막역한 관계인 후배 J는 IT 기업의 대표이다. 그는 성격이 차분하고 온순하며 매사에 신중하게 행동해 사회의 귀감이 되는 사업가로, 성품만큼이나 회사도 매우 건실했다. 그는 필자에게 자신과 같은 업계의 H이사를 소개했는데, 좋은 사람을 만났다며 어찌나 자랑하던지 지겨울 정도였다. 심지어 두 사람은 기업을 합병하고, 새로운 법인을 세우기까지 했다. J대표가 운영하던 기업의 규모가 월등하게 컸지만 H이사가 참으로 믿음직스럽고, 그와 함께하면 인생과 사업 전부 발전할 것 같다는 이유였다. 두 기업을 합친 법인 설립 자금은 모두 J대표가 출자했지만 지분을 50 대 50으로 나누고, 대표이사는 H이사에게 맡겼다.

그런데 법인 설립 후 얼마 지나지 않아, J대표가 필자에게 전화해 울분을 토하는 것이 아닌가. 신설 법인의 서류를 들여다보니 놀라운 일이 벌어졌다는 것이다. 50 대 50으로 나눴던 지분을 H이사가 몰래 H이사 95%, J대표 5%로 만들어 놓았다고 했다. 사업을 이유로 인감증명을 발급해 달라고 하기에 의심 없이 줬는데, H이사가 배신한 것이다.

너무 큰 배신감과 상실감에 H이사를 불러서 "네가 어떻게 나에게 이럴 수 있냐?"고 따졌더니 그는 오히려 "이제 이 회사 지분의 95%가 저에게 있으니 형님의 5%를 저에게 파세요"라고 당당하게 나왔다.

거래처까지 새로운 법인으로 다 빼앗긴 상황에서 J대표는 배신감을 느끼는 것조차 사치일 뿐, 어떻게든 모든 것을 원위치로 돌려놓는 게 유일한 복수인 셈이 됐다. 이처럼 가짜가 사업에 깊숙이 관여했을 때 우리가 얼마나 큰 위기를 맞게 될지는 가늠조차 힘들다. 지금부터 가짜와 진짜를 구별하는 방법을 알아보자.

《구약성경》에는 지혜롭기로 유명한 솔로몬 왕이 등장한다. 한 마을에 두 여인이 같은 집에 살고 있었는데, 비슷한 시기에 아이를 낳았다. 어느 날 두 여인이 각자 아이들을 데리고 낮잠을 자다가 한 여인이 잠결에 자신의 아이를 깔아 죽이고 말았다. 잠에서 깬 여인은 죽은 아이를 다른 여인의 아이와 바꿔치기했다. 두 여인은 산 아이가 자신의 아들이라고 싸우기 시작했다.

결국 답을 내리지 못한 두 여인은 솔로몬 왕을 찾았고, 왕의 앞에서도 아이의 팔을 한 쪽씩 잡아당기며, 서로 자신의 아이라고 주장했다. 그런데 한 여인은 아이의 팔을 힘으로 당겨 빼앗으려 하고, 다른 한 여인은 아이가 다칠까 봐 울면서 딸려 가는 것이 아닌가. 이 광경을 본 솔로몬은 명령했다. "여봐라. 당장 칼을 가져 와 아이를 반으로 쪼개거라. 서로 아이의 어머니라고 하니 한 사람이 반 쪽씩 나눠 가지면 될 것이다."

이 말을 듣자 진짜 어머니는 엉엉 울면서 아기의 팔을 놓았다. 그리고 "제발 죽이지 말고 저 여자가 키우게 해 달라"라고 간청했다. 그러나 가짜 엄마는 "제가 아이를 못 가질 바에야 공평하게 둘로 나눕시다"라며 악을 썼다. 솔로몬 왕은 아이가 다칠까봐 포기한 여인이 진짜 엄마라고 인정하고 아기를 돌려줬다. 그리고 아이를 바꿔치기한 여인에게 큰 벌을 내렸다.

어려서부터 사람을 좋아하고 남의 말을 잘 믿는 필자도 '사람' 때문에 손실을 본 적이 많다. 특히 사업을 하면서 만난 사람 중에는 필자에게 무언가를 얻고자 접근하는 경우가 많았다. 같은 종교라며 다가오거나 동일 지역 출신, 혹은 동문이라고 친근하게 다가오면 특별한 이유 없이도 그들을 반겼다. 무엇보다 필자를 존경한다며 입술에 침도 바르지 않고 좋은 말만 하는 사람을 거부하기란 사실 너무 어려웠다.

진짜와 가짜를 구분할 수 있는 능력은 상황을 바로 볼 줄 아는 통찰력에서 비롯된다. 다가오는 사람들의 말과 행동을 유심히 보면 가짜와 진짜가 보인다. 화려한 화술과 과잉 친절을 보이는 사람이 있다면 우선 경계하는 자세가 필요하다. 세상에 의미 없는 친절은 없다. 특히나 받은 것 이상으로 베풀면서, 바라는 건 아무것도 없다고 과하게 강조하는 사람들은 반대로 무언가를 크게 바랄 확률이 높다.

필자도 한 달에 몇 건이나 신사업 제안을 받는다. 식품 원재료 납품부터 시작해서 마케팅, 유통, 입점, 투자 등 다양한 제안을 하는 그들은 필자를 높게 띄워 주는 동시에 자신을 과대 포장한다. 분위기에 취하거나 우쭐해져서 냉철한 판단을 하지 못하고 비즈니스 관계를 맺으면 언제나 손실은 필자의 몫이 된다.

H이사가 친절한 미소로 다가왔고, 비위도 잘 맞췄기에 J대표는 그를 완전히 믿고 신설 회사의 경영도 맡겼다. J대표는 과잉 친절을 보이는 H이사를 너무 쉽게 받아들인 것이다. 대인 관계와 비즈니스에는 분명 경계가 있다. J대표가 H이사를 좋아하는 감정은 인간 관계에서 끝맺어야 했다. 그래야 오랫동안 관계가 유지될 수 있기 때문이다.

또한 아무리 믿을 만한 사람이라도 한 번에 칼자루를 넘기는 행동은 언제나 독이 된다는 것을 기억하자. 여유를 갖고 상대를 지켜보면서 정보를 천천히 하나씩 공유해야 한다. 필자 역시 상대에게 마음을 뺏겨 선심을 베풀 듯 한꺼번에 권리를 준 경우는 나쁜 결과를 맞곤 했다. J대표 역시 H이사와 더 많은 시간을 보내고, 과거에 어떤 식으로 지내왔는지 살펴보며 천천히 검토했다면 회사 전체를 빼앗기는 일은 없었을 것이다.

자신의 안목을 확신할 수 없다면, 가짜들의 먹이가 되지 않기 위한 방법이라도 마련해 놓아야 한다. 중요한 계약이나 거래를 할 때면, 서로의 모든 말과 행동을 문서나 녹음 등을 통해 증빙 자료로 만들어 놓자. 작은 일이라도 계약서 역시 철두철미하게 써야 한다. 만약 가짜들의 의도에 넘어갔다면, 법적으로 싸워서라도 이겨야 하기 때문이다. 법으로 이기는 방법은 증빙 자료밖에 없다.

단순히 모든 사람을 의심하라는 뜻이 아니다. 충동적으로 무언가를 결정하려는 순간, 자신을 멈추고 '나에게 이로운 것'이 무엇인지 다시 살펴보는 여유를 지녀야만 옳은 길로 갈 수 있다. '열길 물속은 알아도 한 길 사람 속은 모른다'라는 옛말이 있다. "사람은 사랑해야 할 존재이나 무조건 믿어야 하는 대상은 아니다"라는 한 현인의 말도 잊지 말자.

개미와 소는 서로 이해할 수 있을까?

[하우와 후직]

필자가 사는 곳에는 마을이 한눈에 내려다보이는 언덕에 수령 200년쯤 되는 돌배나무가 있다. 그 근처에는 큰 바위가 있는데, 그사이를 잘 관찰하고 있으면 개미 떼가 일렬로 줄지어서 분주하게 오고 가는 모습을 볼 수 있다.

가끔 돌배나무에 소가 묶여 있을 때도 있다. 그런데 개미는 소 발굽은 아랑곳하지 않고, 때로 밟혀 죽기도 하면서도 굳이 그 위 아래를 오고 간다. 소 역시 개미에 깨물리면서도 굳이 자리를 피하지 않는다. 그 광경을 관찰하다가 문득 궁금해졌다. 개미는 소를, 소는 개미를 볼 수 있을까? 또 서로를 볼 수 있다면 더 좋지 않을까?

한번은 필자의 회사에 명문대를 나와서 정치인들을 보좌하던 A 과장이 입사했다. 법무, 인사, 노무 업무를 담당한 그는, 복지에 신경을 써서 직원들이 만족도 높은 회사 생활을 할 수 있도록 돕겠다고 자신했다.

문제는 직원들에게 과도한 선심을 베풀었다는 것이다. 예를 들어 야유회에 가면 과일, 음료, 과자 등을 너무 많이 준비해서 항상 음식이 남았다. 회식을 가도 마찬가지였다. 직원들이 사무용품이 필요하다고 품의서를 올리면 재고를 확인하지도 않고 구매해 줬다. 결국 똑같은 물건이 사무실에 넘쳐났다.

그는 또한 10년 이상 운영 중인 가맹점에 점포 인테리어 리뉴얼 비용을 이유 없이 무상으로 제공하기도 했다. 정작 가맹점들은 요청하지도 않았는데, 아무 기준도, 의미도 없는 선심성 지출이었다. 그는 항상 '남더라도 모자람 없이 넉넉하게' 주는 것이 직원과 가맹점주를 위한 복지라고 주장했다.

그러던 중 필자의 회사가 서울 사무실을 정리하고 경기도 곤지암으로 이사하게 됐다. 이때 이사하면서 버린 짐이 1t 트럭 한 대 분량이었다. 외식 프랜차이즈 본사이기 때문에 가장 많이 버린 것은 수량을 과도하게 예측해서 만든 유니폼, 식기류, 음식 모형물 등이었다. 또 물류 창고를 옮기면서는 유통 기한이 지난 식자재를 1억 원어치나 발견했다. 모두 비싸게 샀지만, 버릴 때

또다시 돈을 들여야 하는 물건들이다. 과연 직원들이 자기 돈으로 물건을 샀다면, 이렇게 과도하게 구입하고 소홀하게 관리했을까? 아마 아니었을 것이다.

필자는 자금 없이 회사를 창업해서인지, 회사 지출에 특히 인색하다. 도심에서는 대중교통을 이용하고, 지하철 두 정거장 정도는 걸어 다닌다. 주변에서는 궁색을 떤다고 핀잔을 주지만 아랑곳하지 않는다. 아낄 수 있는 곳에서 최대한 아껴야 재투자하고, 기회를 잡을 힘이 생긴다고 생각하기 때문이다.

직원과 대표는 회사를 대하는 마음의 무게가 다를 수밖에 없다. 직원은 회사 사정이 나빠지면 다른 회사로 이직한다는 방도가 있지만 회사의 주인인 대표는 한 회사를 끝까지 책임져야 한다. 경영자는 매일 생존하려고 발버둥 치는 셈이다.

그렇다면 반대로 경영자는 직원의 마음을 충분히 이해한다고 할 수 있을까? 그것도 결코 아니다. 필자는 회의 때 직원들이 말없이 머리를 숙이고 있으면, 답답해하며 짜증을 내곤 했다. 나중에 알게 된 사실은, 직원들이 의견을 내지 못하는 이유가 경영자인 필자에게 있다는 것이다.

필자는 직원들에게 의견을 묻고 막상 대답하면 습관적으로 "그건 아닌 것 같다"는 식으로 반박했다고 한다. 결론을 내놓고 물으니, 의견을 내 봐야 묵살당하거나 상처받기가 일쑤였다. 직원들이 어느 순간부터 의견을 내지 않게 된 것도 당연했다.

과거 중국에 하우(夏禹)와 후직(后稷)이라는 관리자가 있었다. 이들은 나랏일에 신경을 쓰느라 집에 들르지 못할 뿐 아니라 집 앞을 지날 때조차 안으로 들어가지 않았다. 주변 사람들이 "아무리 바빠도 가족들에게 인사는 하고 가라"고 해도, 두 사람은 "내가 개인적인 일에 신경을 쓰면 백성이 힘든 일을 겪게 되니 어찌 사사로이 집안일에 신경을 쓰겠나"라고 대답했다. 훗날 백성들은 자신의 가정보다 나랏일에 더 신경을 쓰고, 가족보다 나라 전체를 생각한 하우와 후직을 칭찬했다.

공자의 제자 안회(顔回)는 어렵게 사는 백성들을 생각하면서 하루에 밥 한 그릇, 물 한 그릇만 먹고 살았다. 공자는 안회를 하우, 후직과 같은 길을 걷는 사람이라고 칭찬했다.

안회와 하우, 후직이 자신보다 다른 사람의 처지를 생각하면서 검소하고 배려심 있게 행동하는 모습에서 배울 점이 많다. 공자도 아낌없이 칭찬한 이 세 사람처럼 다른 사람의 입장을 바꾸어 생각해 본다는 뜻으로 역지사지(易地思之)라는 고사성어를 쓰게 됐다.

개미가 소를 볼 수 없듯, 소도 개미를 볼 수 없다. 직원이 경영자의 마음을 알 수 없듯 경영자도 결코 직원들의 마음을 완전히 알 수 없다. 따라서 우리가 해야 할 일은 서로 이해할 수 없다는 사실을 알고, 그럼에도 존재를 인정하기 위해 노력하는 것이다.

정말 좋은 회사가 되려면 사장은 권위를 내려놓고, 직원들의 입장에서 경영해야 한다. 반대로 직원은 사소한 일을 하더라도 사장 입장에서 생각해 보는 자세가 필요하다. 서로를 인정하지 못하고 싸우는 시대, 우리 사회에 정말 필요한 것이 바로 이 역지사지의 철학이다.

리더 한 사람의 힘은 여러 직원의 힘만 못하다

[한비자의 군주의 급]

세상의 모든 사장은 성공을 꿈꾸며 창업한다. 하지만 무수히 많은 난관을 극복하고 성공하기란, 낙타가 바늘구멍에 들어가기보다 어렵다. 하지만 분명한 것은 어느 시대든 누군가는 바늘구멍처럼 좁은 성공의 문으로 들어간다는 사실이다.

생존을 넘어서 전설의 신화가 되는 기업은 도대체 어떤 비결이 있을까? 그것은 두말할 것 없이 리더가 '리더의 몫'을 한다는 것이다. 필자는 특히 요즘 "나에게 과연 리더의 자질이 있는가!"라고 스스로 질문하고 있다.

《한비자(韓非子)》의 〈팔경(八經)〉 편에서는 군주를 상급, 중급, 하급으로 나누어 구분하고 있다. 그리고 "하급의 군주는 자기의 능력을 다하고, 중급의 군주는 다른 사람의 힘을 다하게 하고, 상급의 군주는 다른 사람의 지혜를 다하게 한다"라고 설명했다. 또한 "한 사람의 힘은 여러 사람의 힘을 대적할 수 없고, 한 사람의 지혜로 모든 사물의 이치를 다 궁구할 수 없다. 한 사람의 힘이나 지혜에 의존하는 것은 온 나라 사람의 힘이나 지혜를 활용하는 것만 못하다"라며 좋은 리더는 여러 사람에게 일을 나누어 시킬 줄 안다고 주장했다.

한비자의 기준으로 보면, 필자는 하급 리더임을 부인할 수 없다. 어려서부터 열정도 많았고 남들이 하는 것은 조금씩은 다 할 줄 안다고 생각해, 30대 초반에는 직원들의 능력을 극대화하기보다 자신의 개인기에 더 의존했다. 마케팅, 가맹점 개점 준비, 가맹점주 관리 등 하나부터 열까지 손대지 않으면 걱정돼 현장에서 말 그대로 '재주'를 뽐냈다. 솔선수범하려는 의도였지만, 기업의 최고 리더인 필자가 현장에서 움직일수록 직원들은 적극적으로 일하지 않고 뒤로 숨곤 했다.

지난 추석, 몇 년 전 퇴사한 직원들이 찾아왔다. 당시에도 능력이 있었던 그들에게 고민을 허심탄회하게 털어놓고, 우리 회사의 문제점이 무엇이냐고 물었다. 이제는 사장과 직원 관계를 벗어났으니 객관적인 조언을 듣고 싶었다. 그런데 그들은 "직원들이 일하지 않아도 사장님이 다 하니 편한 것이 문제입니다"라는 충격적인 답을 내놓았다. 그 말이 정답이었다.

한비자가 가르치듯 혼자만 열심히 일하면 하급 리더이고, 직원들이 역량을 다하도록 여건을 만드는 리더가 상급 리더이다. 현명한 리더는 직원들에게서 아이디어가 나오도록 격려하고 그들의 제안에 따라 결정을 내린다. 그래야만 지혜와 아이디어가 궁색하지 않게 된다. 한 사람에게서 나오는 아이디어는 한정적일 수밖에 없기 때문이다.

리더 한 사람의 힘은 여러 명의 직원 힘만 못하다는 사실을 인정하자. 한 사람만의 지략으로 회사가 운영된다면, 그것이 적중한다고 해도 리더의 피로는 점점 쌓일 것이고, 만약 한 번이라도 삐끗하면 대안이 없어 더욱 큰일이 된다. 기업의 리더가 아니라 직원이 바쁘게 움직일 때, 경영자는 진정한 리더가 된다.

또한 리더는 똑똑한 직원을 채용해 자신에게 부족한 부분은 직원을 통해 채우고 본인은 잘하는 것에 집중할 필요가 있다. 그렇게 사업해야만, 프로젝트가 성공하면 리더의 능력이 되고 실패하면 직원의 책임이 된다.

기업을 꾸준히 성장시키고 싶다면, 리더는 모든 일에 나서는 대신 뒤에서 직원의 역량을 잘 살펴보고, 그 역량을 최대한 펼칠 수 있도록 하는 데 에너지를 써야 한다. 리더가 바쁘고 직원이 한가해지면 위아래의 균형이 깨진다. 리더는 한가하고, 직원은 바쁜 구조를 만들어야 한다. 한비자가 오늘날 기업을 경영하는 리더에게 아이디어, 경륜, 열정을 버려야 한다고 조언하는 이유이다.

사람은 고쳐 쓰는 것이 아니라 바꿔 써야 한다

[공자와 원양]

어렸을 적, 아버지가 들려준 옛이야기가 있다. 어떤 흰 개가 주인은 볼 때마다 잡아먹을 듯 으르렁대며 짖었고, 반대로 손님에게는 짖기는커녕 꼬리를 내리고 온순해졌다고 한다. 시간이 흘러 개가 세상을 떠났고, 주인은 개를 얄밉다고 생각하면서도 기른 정을 생각하며 집 뒤뜰에 묻어 줬다. 3년이 지난 후, 주인은 문득 흰 개가 궁금해서 땅을 파 보았다. 그곳엔 꼬리만 남아 있었는데, 3년이 지났지만 그대로 흰색이었다고 한다. 아버지는 "흰 개의 꼬리는 땅속에 3년을 묻어 놓아도 검은 꼬리가 되지는 않는다"라고 하면서 "사람의 성향도 마찬가지로 쉽게 바뀌지 않는다"라는 말을 덧붙였다.

이 이야기의 교훈은 거짓말 잘하는 사람은 평생 거짓말만 하고, 약속을 어기는 사람은 매번 약속을 어긴다는 것이다. 마찬가지로 공짜를 좋아하는 사람은 평생 공짜를 좋아하고, 일하기 싫어하는 사람은 늙어 죽을 때까지 게으름을 피운다.

누구에게나 단점이 있다. 지금은 퇴사한 K직원은 목소리에 힘도 없고 매사에 부정적인 편이었다. 외부에서 좋은 제안이 들어오면 내용을 검토해 대표이사인 필자에게 보고하는 역할이었는데, 그때마다 그는 "이것은 이래서 안 되고, 저것은 저래서 어렵다"라며 항상 부정적인 의견을 냈다. 필자는 그의 성향을 바꿔 함께 일하려고 많은 노력을 했다. 조언도 해 보고 좋은 책도 권유했다. 아침 전체 회의 때 긍정적인 사고로 성공한 사례를 소개하기도 했지만, 그는 결코 바뀌지 않았고 결국 퇴사했다.

Y팀장은 근면성실하고, 실력과 카리스마도 있었다. 그런 그에게도 리더로서 치명적인 단점이 있었는데, 팀원이 원하는 대로 따라오지 않으면 크게 화를 내거나 여러 사람 앞에서 면박을 준다는 것이었다. 하지만 장점이 많은 사람이었기에, 필자는 그를 변화시켜 회사의 중역으로 쓰고자 했다. 좋은 말로 권유도 하고, 화도 내고, 외부 교육도 해 봤지만, 그는 결코 바뀌지 않았다.

Y팀장은 어느 순간 회사에서 외톨이가 됐고, 그 역시 결국 퇴사했다. "잘 나갔다"고 기뻐하는 직원들을 보면서 특별한 장점이 있더라도 함께 일하기 힘든 결정적인 이유가 있는 사람은 고쳐

서 쓰지 못한다는 사실을 절감했다.

《논어》에는 공자의 어릴 적 친구인 원양(原壤)이 등장한다. 어느 날, 공자가 원양을 만나기 위해 그의 집을 찾았다. 그런데 공자가 오는 걸 보고도 원양이 다리를 쭉 뻗고 누워 있는 게 아닌가. 예의를 중요시하는 공자는 기분이 매우 나빠져 "너는 어려서부터 겸손하지도 않고 예의도 모르더니, 나이 먹도록 이룬 것도 없구나. 세상에 이로운 일 하나 한 것이 없는데, 늙어서는 죽지도 않는구나"라고 원양에게 욕설을 퍼부었다고 한다.

친구 원양은 어려서부터 예의가 없고 제멋대로인 데다가 공자가 크게 실망할 행동을 했다. 나이를 먹고서도 그 인품을 바꾸지 못했기에 공자가 호통을 친 것이다. 성인 중 성인이었던 공자가 악담을 퍼부을 만큼, 나쁜 습관은 평생 바꾸기 힘들다.

모든 사람은 좋은 면과 함께 나쁜 면도 가지고 있다. 필자 역시 큰 단점 몇 가지가 있다. 소심한 편이라 남에게 나쁜 소리를 들으면 며칠 동안 잠을 못 잘 만큼 속상해한다. 결국 손해는 자신의 몫이기 때문에, 고쳐 보려고 노력하지만 쉽지 않다. 하지만 그 성격 때문에 사람들의 마음을 잘 이해하고 신임을 얻기도 한다. 만나는 모든 사람이 내 마음과 같지 않다. 사람을 통해 상처받기도 하고 반대로 위로받기도 한다.

좋은 점과 나쁜 점이 동시에 보이는 사람을 만났을 때, 우리는 자신도 모르게 그를 변화시켜 보려고 노력한다. '딱 이것만 바뀌면 완벽하겠다'라는 생각이 들기 때문이다. 하지만 아무리 노력해도 상대는 변하지 않는다. 오히려 노력하면 할수록 자신만 상처를 입게 되는 악순환이 반복된다.

사람은 누구나 단점이 있다. 변덕이 심한 사람, 화를 잘 내는 사람, 시기 질투가 많은 사람, 교만한 사람, 고집이 센 사람 등. 그 단점이 맡게 될 역할에 문제가 되는지 객관적으로 생각해 보자.

친구 관계라면 상대가 변화하지 않을 경우, 만나지 않으면 그만이다. 하지만 기업의 입장이라면 다르다. 직원을 변화시켜 끌고 가려다 보면 손실이 커질 수밖에 없다. 직원을 변화시키는 노력에 비해 시간은 너무 빠르게 흘러가므로, 기업은 성장 기회를 놓치게 된다. 바꾸지 않아도 기업에 맞는 좋은 사람은 얼마든지 있기 때문이다. 매우 냉정한 이야기이지만, 회사 혹은 경영자가 생각하는 기준과 맞지 않는 직원이라면, 빨리 헤어지고 새로운 직원을 뽑는 것이 회사에게 보탬이 되는 길이다.

직원을 고용하든, 친구의 인연을 맺든 자신의 입맛에 맞게 사람을 고쳐서 쓰는 건 너무 많은 에너지가 든다. 조심스럽지만, 열 가지 장점이 있어도 결정적인 한 가지가 맞지 않는 사람이라면 고쳐 쓰기보다 바꿔 쓰는 것이 더 효율적이지 않을까 한다.

실수와 배신은 용서해 봤자 반복될 뿐이다

[강태공과 마 씨 부인]

《사기(史記)》에는 복수불반분(覆水不返盆)이라는 표현이 나온다. 강태공(姜太公), 태공망(太公望)이라고도 불리는 강상(姜尙)은 젊은 시절 학문에 매진하다 보니 가정 살림에는 큰 관심이 없었다. 그의 부인 마 씨는 가난한 삶을 참다못해 그만 보따리를 싸 들고 도망쳐 버렸다.

시간이 흘러 주나라 문왕이 강태공을 스승으로 청했고, 그는 문왕을 도와 천하를 통일했다. 결국 강태공은 제나라의 제후 자리까지 오르게 됐다. 그런데 제나라로 가는 행렬 앞을 한 노파가 가로막는 게 아닌가. 그는 젊은 시절 강태공을 떠났던 아내 마 씨였다.

마 씨는 "젊은 시절, 너무 가난해 당신을 떠났지만 이제는 그런 걱정이 없을 것 같다"며 다시 자신을 받아 달라고 애원했다. 가만히 생각하던 강태공은 마 씨에게 "냇가에서 물 한 바가지를 담아 오라"고 말했다.

마씨는 영문도 모르고 기분 좋게 냇가로 뛰어가 바가지에 물을 담아 왔다. 그런데 강태공이 바가지에 든 물을 땅에 쏟아 버리는 게 아닌가. 그러고는 빈 바가지를 내밀며 "여기에 다시 물을 담아 보라"고 했다. 마 씨는 황당해하며 땅에 쏟은 물을 어떻게 다시 담을 수 있냐고 물었다. 그러자 강태공이 말했다. "한번 쏟은 물을 담을 수 없듯 한번 떠난 사람도 다시 이어질 수는 없다." 즉, 한번 저지른 일은 원상복구 할 수 없다는 말이다.

경영자를 공격하는, 세상에서 가장 무서운 무기는 '직원의 배신'이다. 믿었던 직원의 횡령, 배임은 경제적인 손실뿐 아니라 경영자의 마음에도 큰 고통을 준다.

문제의 핵심 인물인 C부장은 본사에서 특정 지역의 가맹점 영업을 담당했다. 그런데 언제부터인가, 그 지역의 가맹점들이 본사를 거치지 않고 인테리어를 스스로 시공하기 시작했다. 상황을 제대로 인식하기도 전에 큰 문제가 발생했다. 한 가맹점에서 부실 공사가 발생했고, 그 원인을 찾던 중 인테리어 시공 업체가 C부장의 지인이었다는 사실을 알게 된 것이다.

C부장은 가맹점들에 "본사에 시공을 위탁하는 것보다 자신이

소개하는 업체가 더 저렴하다"며 설득했다고 했다. 그리고는 인테리어 업자에게서 수수료를 챙겼다. 용서하긴 힘들었지만, 필자 앞에서 무릎을 꿇고 눈물을 흘리는 그를 외면할 수 없었다.

1년이 흘렀다. 이번에는 가맹점주들에게서 C부장이 돈을 빌려 가서 갚지를 않는다는 고발이 들어왔다. 심지어 새로운 가맹점에서 가계약을 체결하고, 계약금을 받아 챙긴 후 갑자기 회사에 출근하지 않았다. 필자는 몇 날 며칠 C부장을 찾아 다녔고, 결국 그를 잡았다. 그를 형사 고발하는 것보다 더 급한 것은 피해를 입은 가맹점과 예비 가맹자에게 보상하는 것이었다.

하지만 이미 점주들의 본사 신뢰도는 바닥으로 떨어졌다. 그 신뢰를 회복하기 위해 오랜 시간, 큰 비용을 지출해야 했다. 처음 C부장의 횡령과 배임을 발견했을 때, 징계를 주고 권한을 뺏었다면 더 큰 피해를 막을 수 있었을 것이다.

또 다른 예시도 있다. 필자는 P대표, J대표와 친구 사이였다. 어느 날 J대표는 한 달만 쓰겠다며 필자에게 400만 원을 빌려 갔다. 적으면 적고 크면 큰, 그 돈을 받기 위해 장장 몇 년이 걸렸다. 그때 마음고생을 많이 한 필자는 J대표와 어색한 사이가 됐다.

이후에는 J대표가 P대표를 찾아가서 한 달 안에 갚겠다며 3,000만 원을 빌렸다는 게 아닌가. 사업이 힘들다는 이유였다.

그런데 두 달 후 P대표를 찾은 그는 이번 고비만 넘기면 된다면 다시 2,000만 원을 빌려 달라고 요구했다. 다 죽어가는 모습으로 사정하기에 P대표는 어쩔 수 없이 또 돈을 줬다고 했다. 그리고 몇 달 후, J대표는 돈을 갚는 것이 아니라 돈을 또 빌려 달라고 요구했다고 한다. P대표는 이제 안 되겠다 싶어서 본인의 사업도 힘들다는 핑계로 거절했고, 이후 J대표와의 연락이 끊겼다고 하소연했다. P대표는 돈을 돌려받지 못하는 것도 속상하지만, 무엇보다 믿었던 친구에게 배신당한 게 속상하다며 자신을 자책했다.

경영자 혹은 사회인으로 살아가면서 우리는 수많은 사람을 만나게 된다. 그중에는 거짓말을 하는 사람, 약속을 어기는 사람, 돈 문제가 깨끗하지 못한 사람 등, 치명적인 잘못을 하는 사람들도 있다. 한 번의 실수로 그를 판단한다는 것이 너무 가혹하다고 생각할 수 있지만, 경영자라면 직원의 실수를 쉽게 용서하거나 기회를 줘서는 안 된다. 이유 없는 너그러움은 자신은 물론 기업 전체를 파괴하는 무기로 돌아오기 때문이다. 오히려 나와 가까운 사람, 나를 잘 아는 사람일수록 회복하기 힘든 상처를 준다.

그들은 하나같이 "이번이 마지막이다" 혹은 "이번 고비만 넘기면 된다"라며 용서를 구하고 도움을 청한다. 하지만 그들은 이후에도 또 다른 핑계를 대며 우리를 배신하고 실망시키기를 반복할 확률이 크다. 가까운 사람의 배신이 나에게 실질적인 손실이 될 때 그들은 우리 삶에서 가장 무서운 무기가 된다.

'나의 인덕이 이 정도라 어쩔 수 없지'라고 생각하며 넘기기엔 그들은 회사에 너무나 치명적인 영향을 끼치는, 무서운 무기이다. 땅에 쏟아진 물을 절대 다시 담을 수 없듯, 한 번 실수하거나 배신한 상대를 두 번 세 번 용서해 봤자 더 큰 상처로 돌아올 뿐이다.

사람에 집착하면 기회를 잃는다

[제갈량의 결단]

《삼국지》 속 유비와 조조(曹操)가 세상을 떠난 후의 이야기가 나온다. 촉나라는 제갈량이, 위나라는 사마의(司馬懿)가 각각 자리를 채우고 있었다. 시대의 호적수였던 두 사람은 식량 보급 수송로의 요충지인 가정 지역에 사활을 걸고 대치했다. 제갈량은 이곳을 어떤 장수에게 맡길까 고심했는데, 그러던 중 제갈량의 절친이며 촉나라 조정 중신이었던 마양(馬良)의 동생 마속(馬謖)이 자진해서 나왔다. 마속은 젊었고, 머리도 기민하고 똑똑했다. 더욱이 병법서라는 병법서는 다 읽은 인재였다. 마속은 가정을 지키지 못하면 목숨을 걸겠다고 약속했고, 제갈량은 군율(軍律)은 개인의 감정이 사사로이 통하지 않기 때문에 실패할 시 엄벌을 주겠다고 엄포를 놓았다.

제갈량은 마속에게 어떤 경우라도 자리를 이동하지 말고 길을 굳게 지키라고 지시했다. 그러나 마속은 현장에서 지형을 살펴본 후, 제갈량의 명령을 어기고 산 위에 진을 치고 위나라 군대를 유인하려고 했다. 하지만 위나라 군대는 그의 예상과 달리 산을 포위한 후 시간을 끌기 시작했다. 결국 마속의 군대는 식량과 식수가 고갈돼 위험에 처했다. 마속은 제갈량의 명령을 어기고 자리를 움직인 것을 후회했지만 이미 늦은 때였다.

구사일생으로 살아 돌아오긴 했지만, 마속의 실수로 제갈량의 위나라 점령이라는 꿈은 물거품이 됐고, 군대를 물릴 수 밖에 없었다. 주변에서는 제갈량에게 마속의 재주와 그 동안 나라에 한 기여를 생각해서 살려 줄 것을 요청했다. 하지만 제갈량은 "나도 마속을 사랑하지만 인정으로 군대의 규율을 깨면 마속의 죄보다 더 큰 죄를 짓게 된다. 사사로운 감정으로 마속을 살려 주면 군대의 기강이 무너진다" 하며 울면서 마속을 처형했다고 한다. 이때 울면서 마속을 베었다는 말에서 나온 고사성어가 읍참마속(泣斬馬謖)이다.

《사기》에도 개인의 사사로운 감정보다 대의를 먼저 생각하는 것이 중요하다는 가르침을 주는 일화가 있다. 진나라 소양왕이 조나라 혜문왕에게 연회에 참석할 것을 제안했다. 하지만 혜문왕은 진나라의 위세에 눌려 가기를 꺼렸고, 손에 꼽는 명장이었던 염파(廉頗)는 상대부였던 인상여(藺相如)에게 왕을 수행하게 했다. 진나라 연회에 다녀온 혜문왕은 인상여의 공을 높이 사고, 인상여에게 그를 추천한 염파보다 높은 벼슬을 줬다. 화가 난 염파는 인상여를 험담하고 다녔다. 하지만 염파가 자신을 모욕한다는 사실을 알면서도 인상여는 아무 말을 하지 않았을 뿐 아니라, 그와 마주치지도 않으려고 노력했다.

식객들은 비겁하게 왜 염파를 피하느냐고 인상여를 비난했다. 그러나 인상여는 이렇게 답했다. "나와 염파, 두 호랑이가 싸우면 나라의 형세가 불리해진다. 내가 그를 피하는 이유는 나라의 급한 일이 먼저이고 사사로운 원한은 나중이기 때문이다." 이 이야기를 들은 염파는 인상여의 대문 앞에서 사죄했고, 둘은 목숨을 내주어도 아깝지 않은 우정을 나누었다.

이와는 반대로, 사적인 감정에 이끌려서 대의를 망치는 경우가 생각보다 많다. 그 실수가 인사 분야일 때 결과는 더 치명적이다.

몇 년 전, 대학 선배였던 H가 우리 회사에 입사하게 되었다. 그는 대학 졸업 후 탄탄한 중견기업에 입사해서 고속 승진을 했다. 하지만 뜻하지 않게 억울한 사정으로 퇴사했고, 그 소식을 들은 필자가 우리 회사에 재취업을 제안한 것이었다.

처음엔 그에 대한 기대가 매우 컸다. 프랜차이즈 회사에서 일한 경험은 없었지만, 대학 시절 겪었던 그의 인성과 지식, 열정은 대단했기 때문에 그의 능력에 조금의 의심도 없었다. 그런데 H선배는 필자가 당혹스러울 정도로 높은 연봉과 직급을 요구했다. "50대 중반의 나이인데 적어도 이만큼의 연봉과 본부장급 직급이 필요하네"라고 말하며 "나 알잖아, 임 대표를 실망시키지 않을 거야!"라고 장담했다.

필자는 깊이 고민할 수밖에 없었는데, 그 정도 금액이면 업계 경력 15년 이상의 팀장급을 고용할 수 있었기 때문이다. 인사팀의 반대에도 불구하고, 필자는 선배와의 관계를 무시할 수 없어서 그의 요구를 수용했다.

하지만 H선배는 입사하고 1년이 넘도록 실적은 고사하고, 부하 직원들조차 변변하게 이끌지 못했다. 부대표는 "그가 우리 회사에 하루라도 더 있는 것은 엄청난 손실이다"라고 결정을 촉구했다. 하지만 필자 손으로 직접 그를 해고할 수 없었다. 인정(人情)에 진 것이다.

시간이 흐를수록 회사의 조직력은 약화됐고, 업무 누수로 직원들은 점점 더 큰 스트레스를 받게 되었다. 결국 H선배가 제 발로 회사를 떠났고, 이후 조직은 하루가 다르게 재생됐다. 인정에 이끌리는 인사가 얼마나 위험한지를 비로소 뉘우치게 된 사건이다.

'개인의 사사로운 이익보다는 공공의 일이 우선이다'라는 뜻이 담긴 고사성어 선공후사(先公後私)는 오늘날 경영자에게 사사로운 감정을 버리고 기업의 이익을 먼저 생각하라는 교훈을 준다.

필자 역시 좋아하는 선배와 같이 일하고 싶다는 인정에 지지 않았다면, 더 노련한 사람을 고용해 새로운 기회를 얻었을 수도 있다. 이후로는 필자 역시 철저히 능력을 바탕으로 사람을 평가하고, 그가 우리 회사에서 어떤 역할을 할 수 있을지를 먼저 생각해 채용을 결정한다. 경영자인 당신에게 사사로운 일과 공공의 일은 무엇인가.

서로에게 버림받지 않으려면

[관중과 포숙의 우정]

춘추 시대, 제나라 관중(管仲)과 포숙(鮑叔)의 변함없는 우정에서 유래된 고사성어 '관포지교(管鮑之交)'를 모르는 사람은 거의 없을 것이다. 관중과 포숙은 젊은 시절 함께 장사했던 적이 있다. 창업 비용은 포숙이 투자했지만 이익은 항상 관중이 많이 가져갔다. 주변 사람들은 불공평하다며 관중을 비난했지만, 그때마다 포숙은 "장사 밑천은 내가 댔지만 가게가 번성하게 만든 것은 관중 덕이다. 관중은 식구가 많으니 나보다 돈이 더 필요하다"라며 관중을 옹호했다.

관중이 벼슬길에 나아갔다가 번번이 쫓겨날 때도 포숙은 "시대를 잘못 만났기 때문이다"라고 말하며, 관중이 무능하다는 말에 반박했다. 그가 전쟁터에 나갔다 도망쳤을 때도 "늙은 어머니를 모시기 위해서 어쩔 수 없지 않느냐?"라고 옹호했다.

훗날 두 사람은 관리자로서 각각 제나라의 공자 규와 소백을 섬기게 됐다. 규가 죽고 소백이 즉위하자 관중은 죽음을 앞둔 죄수로 신분이 변했다. 이때 포숙이 또 나서서, 소백에게 "관중은 자신보다 능력이 훨씬 뛰어나니 제나라의 재상으로 써야 한다"라고 간청했다.

환공은 포숙을 신뢰했고, 두 사람의 깊은 우정에 감명받아 자신을 죽이려고 했던 관중을 재상으로 임명했다. 포숙은 관중 아래로 들어가서 벼슬을 했고 관중은 명재상이 되어 환공이 전국 패권을 장악하는 데 큰 공을 세웠다. 관중은 포숙에게 평생 고마움을 느끼며 "나를 낳아 준 분은 부모님이지만, 나를 알아준 사람은 포숙이다"라는 유명한 말을 남겼다.

두 사람은 어떻게 죽을 때까지 변함없이 우정을 지킬 수 있었을까? 포숙은 관중이 뛰어난 재능을 지니고 있다는 사실을 알고, 그가 발전하는 모습을 계속 지켜봤다. 또한 관중을 마음속 경쟁자로 삼고, 그에게 뒤처지지 않기 위해 노력했다. 포숙이 재능 많은 관중에게 지든 말든 신경 쓰지 않았거나 질투해 깎아내리려 했다면 지금만큼 큰 인물로 성장하지 못했을 것이다.

사연만 보면 포숙이 일방적으로 관중에게 베푼 것 같지만 포숙은 관중과의 경쟁심으로 스스로를 발전시켰다. 또한 관중은 포숙이 됨됨이와 대인다운 모습에 항상 감사한 마음을 품었다. 서로 발전하는 모습에 희망을 보았고, 그것은 두 사람의 관계를 끈끈하게 만들었다.

평생직장이라는 개념이 없어진 요즘은, 사장과 직원으로 만난 사람들이 오랫동안 신뢰를 지키며 인연을 유지하는 것은 크나큰 축복이다. 그렇다면 어떻게 하면 관계를 오래 유지할 수 있을까? 한번은 필자가 어린 시절 절친에게 일하자고 제안한 적이 있다. 함께 일했을 때의 그는 대인관계가 좋았으며, 리더십 또한 탁월했다. 필자는 그에게 좋은 직급과 연봉을 주었으나, 함께 일하며 업무 평가를 해 보니 필자가 생각했던 모습이 아니었다.

업무 처리 능력이 떨어졌고, 항상 행동보다 말이 앞섰다. 필자는 그가 부족한 부분을 채우며 공부하기를 원했고, 많은 시간과 기회를 줬다. 하지만 그는 필자가 요청한 부분조차 행동으로 옮기지 않았고, 발전하는 모습을 볼 수 없었다. 그에게 크게 실망한 필자는 아쉽게도 그와 헤어지는 수순을 밟을 수밖에 없었다.

이외에도 필자는 수많은 직원을 면접해 본 경험이 있다. 면접자들은 자신을 훌륭한 인재로 포장하고, 반대로 면접관은 이곳이 좋은 회사라는 이미지를 주려고 노력한다. 하지만 함께 잘해 나가자는 처음 각오와는 다르게, 대부분의 직원은 몇 년 안에 퇴사

한다. '회사에서 더 이상 배울 것도 없고, 미래도 없다'라고 욕하면서 말이다. 회사는 질세라 떠나는 직원에게 능력이 없고, 회사에 적응도 잘하지 못했다고 비난한다. 이처럼 직원이 회사를 떠나고, 회사가 직원을 버리는 이유는 희망이 없기 때문이다. '당신과 헤어져도 더 좋은 사람을 만날 수 있다'고 판단하면 쉽게 이별을 선택한다.

관중과 포숙은 어린 시절부터 친구 관계였지만 서로 경쟁하듯 자신을 발전시켰다. 그래서 그들의 인연은 정상에 도달할 때까지 쭉 이어졌다. 우리는 세상을 살아가면서 부모와 자식, 부부, 친구, 직장의 대표와 직원 등으로 관계를 맺으며 살아간다. 그 관계를 실망시키지 않고 관계를 유지하기 위해서는 계속 성장하는 모습을 보여 줘야 한다. 서로 희망을 주지 못한다면 결국 이별이라는 결과를 맞을 수밖에 없다.

나와 똑같은 직원이 몇 명이나 있는가?

[세계 4대 성인의 제자]

필자는 고등학생 시절 3년간 겨울철마다 군고구마 장사를 했다. 군고구마 통 두 개를 놓고 친구들을 아르바이트 직원으로 모아서, 나름대로 시스템을 만들어 장사했다. 친구 두 명은 땔감을 확보하는 역할로 시장 골목에서 나무 생선 상자, 과일 상자 등을 찾았고, 다른 친구 한 명은 필자와 함께 고구마를 구웠다. 남은 친구들은 팀을 나눠 주택가와 상점가 등으로 고구마를 팔러 돌아다녔다.

영업시간은 오후 5시부터 9시까지였다. 장사를 마치고 그날의 판매금을 수당으로 나눴는데, 필자에게는 하루 평균 2만 원 이상의 수익이 생겼다. 당시 큰매형의 월급이 40만 원 정도였으니 고등학생의 아르바이트로는 꽤나 큰 수익이었다. 매일 밤 장사가 끝나면 고생한 친구들과 포장마차에서 국수를 먹으며, 그 날 있었던 일을 이야기 나누며 하루를 마감했다.

그런데 어느 순간, 포장마차에 둘러선 친구들이 시킨 것도 아닌데 필자와 똑같은 생각과 행동을 하고 있다는 사실을 발견했다. 당시는 우리의 군고구마 장사가 최고 실적을 낼 때였다. 그 때부터 필자는 사장과 직원들이 똑같은 생각과 행동을 할 때, 놀라운 실적을 낼 수 있다는 사실을 깨달았다.

새롭게 시작한 프랜차이즈 사업에서도 고등학교 때 군고구마 장사를 하면서 얻은 경험을 적용하려고 노력했다. 토요일 아침마다 직원들과 조기 축구를 했고, 경기가 끝나면 함께 사우나를 하고 아침밥을 먹었다. 그리고 다같이 출근해서 퇴근 시간인 오후 1시까지 여러 안건을 토의만 했다.

당시 필자의 회사는 프랜차이즈 협회 체육대회를 하면 무조건 1등을 할 정도로 단합력이 좋았고, 어느 순간 직원들과 대표인 필자의 말투, 패션 스타일, 인생철학까지 비슷해졌다. 회사가 비약적인 성장을 하던 시기이다.

그런데 회사 규모가 커지고, 주 5일 근무가 본격적으로 시작되자 토요일 문화가 사라지기 시작했다. 이런저런 사연으로 창업 멤버들도 바뀌었다. 사장의 인생관이나 철학을 직원들에게 강요할 수 있는 시대는 이미 끝난 것이다.

언젠가 강의에서 '음식으로 사람을 이롭게 한다'라는 회사의 경영 이념을 말하면서 필자의 꿈과 회사의 비전, 사업 철학 등을 공유한 적이 있다. 강의가 끝난 후 한 수강생이 물었다. 회사에 "강사님과 똑같이 생각하는 직원이 몇 명이나 있나요?" 필자는 순간 머릿속이 하얗게 되면서 아무 대답도 할 수 없었다. 실제로 필자의 꿈과 목표를 이해하는 직원이 한 명도 없었던 것이다. 사업이 성장을 멈추고, 조직이 생동감을 잃은 이유도 비로소 깨달았다. 대표인 필자가 아무리 좋은 철학과 이념을 갖고 있어도 그것을 공유할 직원이 없다면 아무 소용이 없었다. 그렇다면, 우리는 어떻게 회사와 직원을 하나로 만들고, 적극적으로 행동할 수 있을까?

세계 4대 성인으로 불리는 소크라테스, 공자, 예수, 석가모니의 공통점 중 하나는 모두 자신과 같은 생각을 하며, 똑같이 행동하는 '아바타'를 만들었다는 것이다. 석가모니에게는 1,250명의 제가가 있었고 그중 수행과 지혜가 가장 뛰어난 열 명을 석가십성(釋迦十聖)이라고 일컬었다. 공자에게도 3,000명에 육박하는 제자가 있었으나 그중 공문십철(孔門十哲)이라고 부를 수 있는 뛰어난 제자 열 명이 존재한다. 《신약성경》에는 예수를 추종하는 무리가 수없이 많이 등장한다. 그중 예수는 자신의 뜻을 세상에 전파할 제자 열두 명을 찾아 세웠다. 소크라테스 역시 아테네 거리에서 제자들을 만나고 가르치는 데 전념했다. 그들의 뛰어난 제자들 덕분에 성인의 철학이 널리 퍼져 나갔고, 여전히 남아 우리에게 가르침을 주고 있다.

실질적으로 사장이 모든 직원을 아바타로 만들 수는 없다. 하지만 사장의 경영 철학과 꿈, 목표를 이해하고 함께할 몇 명의 리더(임원)는 곁에 두고 길러 내야 한다. 그리고 그 리더는 또 자신과 같은 생각을 하는 아래 직원을 키워야 한다. 이렇게 될 때 통일된 기업 문화가 생기고, 기업이 성장한다.

세계 4대 성인이라고 하는 이들도 자신의 아바타를 만드는 데 역점을 두었다. 마찬가지로 자신의 기업을 지속적으로 발전시키길 희망한다면 경영자의 철학과 이념을 함께 공유하고, 세포 분열하듯 퍼뜨릴 아바타를 먼저 만들자.

퍼 주면 퍼 줄수록 돌아온다

[귀족 가문과 사 계층]

중국의 전국 시대에는 '사(士)'라는 특수한 계층이 있었다. 학문에 조예가 깊은 사람, 무술이 뛰어난 사람뿐 아니라 도둑질이 탁월하거나 언변이 뛰어난 사람 등 특별한 재능이 있는 인사를 의미했다. 나라가 요구할 때 각자의 재주를 이용해 큰 역량을 펼치는 것이 그들의 역할이었다.

이들은 대부분 집안이 가난하거나 권세가 없어 왕족이나 세도가에 들어가서 몸을 의탁했다. 반대로 세도가들은 재능 있는 사람들을 발굴해 나라가 필요할 때 도움을 주고자 앞다퉈 '사'를 양성했다.

당시 사 계층을 가장 많이 양성한 귀족 가문 네 곳이 있었는데, 각각 제나라의 맹상군, 조나라의 평원군, 위나라의 신릉군,

초나라의 춘신군이다. 각각 집안에 사 계층을 3,000여 명 거느렸다고 하니 참으로 대단한 숫자다.

사들은 나라를 지키기 위해 기발한 방법을 생각해 냈고, 귀족들은 인재를 얻기 위해 베풀기를 아끼지 않았다. 그들은 지원자의 신분이나 지위를 따지지 않았고, 때로는 죄를 짓고 도망쳐 온 사람들까지 평등하게 대했다. 더 좋은 인재를 얻기 위해 사들과 같은 음식을 먹고, 더 중요한 진리를 얻고자 밤을 새워 가며 함께 토론했다. 충고도 달게 들었다. 그들에게는 찾아오는 사람이 곧 재산이었기 때문이다. 아낌없이 퍼 주면 퍼 줄수록 지원자들이 몰려왔다.

전국 시대 귀족들처럼 사업을 하는 필자 역시 좋은 사람을 얻기 위해 노력하고 있다. 필자는 집 뒤에 숙소와 식당을 마련해 놓고는 주말이면 손님들을 초대해 음식을 대접하고 늦은 밤까지 대화한다. 그렇게 하룻밤을 지내고 나면 돈독한 인간관계가 형성된다. 직접 키운 닭을 잡아 요리하기도 하고 땀을 뻘뻘 흘리면서 장작불을 지펴 고기를 굽기도 한다. 봄부터 키운 농작물을 아낌없이 채취해 대접한다.

아내는 왜 사람들을 불러서 공짜 밥을 주고 수발까지 들면서 고생을 하느냐고 핀잔하곤 한다. 하지만 이는 필자가 더 좋은 사람을 얻기 위해 고안한 방법이다. 손님들과의 대화에서 삶의 경험, 지혜, 지식 등 돈보다 더 값진 재산을 얻을 수 있다.

일본에 경영을 공부하러 갔을 때, 식당에서 아르바이트를 한 적이 있다. 당시 사장님은 월 수익의 10분의 1을 떼어, 다음 달에 고객들에게 돌려주곤 했다. 단골의 생일이나 결혼기념일을 기록해 놓았다가 선물을 챙기기도 하고, 이벤트로 선물을 주며 돈을 사용했다. 비 오는 수요일에 방문하는 고객에게 장미꽃을 주는 이벤트를 열기도 했다.

필자가 "이렇게 고객에게 퍼 주면서 돈을 벌 수 있나요?"라고 묻자 그는 이렇게 대답했다. "교회에서 수익의 10분의 1을 하느님에게 드리듯 나는 고객에게 돌려주는 것이 축복이라고 생각한다." 그때는 그 의미를 몰랐지만 이제는 사장님의 경영 철학을 이해할 수 있다.

동곤지암 IC 앞에 '건업리 보리밥집'이라는 식당이 있다. 이 식당의 사장님은 가난하고 불운한 가정에서 태어나서 초등학교도 제대로 다니지 못한 분이다. 그럼에도 30년 전, '사람에게 밥을 주는 것이 가장 행복이다'라며 밥집을 창업했다. 현재는 주변에 변변한 주택도 없는 외딴 지역에 있는 데도 매일 800명 전후의 손님이 방문하고, 1,000만 원 이상의 매출을 올리고 있다.

몇 해 전, 보리밥집 사장님이 필자를 양아들로 삼고 싶다고 해서, 어머니와 아들 관계를 맺게 됐다. 현재는 양어머니께 틈나는 대로 음식 장사의 기술을 배우고 있다. 양어머니의 철학은 '고객에게 100만 원을 더 쓰면 1,000만원이 더 들어온다'이다. 귀에 못 박히듯 하는 말씀 중 하나는 "손님이 멀리서도 찾아오는 이유는 얻을 게 있어서다"이다. 그래서일까, 양어머니는 식사를 마치고 돌아가는 고객에 뭐 하나라도 더 챙겨 주려고 한다. 손님들은 음식점 주인이 하나라도 더 주면 귀신같이 차이를 알고, 어떻게든 다시 온다는 것이다.

이쯤 되니 예전에 인상 깊게 들었던 이야기도 생각난다. 주인이 마음에 들지 않았던 어떤 식당의 주방장이, 가게를 망하게 하려는 의도로 손님들에게 엄청 많은 양을 퍼 주었다고 한다. 그런데 퍼 줄수록 손님은 늘어났다는, 웃지 못할 이야기다. 전국 시대네 귀족이 모든 재산을 써가면서 인재를 모았더니 더 큰 부자가 되었듯, 사업 또한 고객에게 진심 어린 마음으로 퍼 줄 때 충성 고객을 얻게 된다.

사람들에게 유별나게 인기 있는 사람들은 하나같이 바보처럼 어리숙하다는 특징이 있다. 그들은 상대가 먼저 시비를 걸어도 결코 싸우려 하지 않을 뿐 아니라 싫은 소리를 들어도 침착하게 대응한다. 그들은 미소가 되었든 돈이 되었든 무엇인가를 자꾸 주려고 한다. 얼핏 손해 보는 것처럼 보일지 모르지만 그들은 결코 불행하지 않고, 결국엔 더 많이 얻는다.

최고가 되려면 최고와 함께 일하라

[유비의 삼고초려]

2박 3일 일정으로 짧은 여행길에 오른 적이 있다. 설레는 마음으로 고속도로를 한참 달리다가 휴게소에 들렀는데, 등산용품 판매 매대에서 신발 하나가 눈에 들어왔다. 디자인과 색상이 마음에 쏙 드는데, 가격도 3만 원밖에 안 한다는 것이 아닌가. 바로 구입해 신고 있던 신발을 벗어 던지고 새것으로 갈아 신었다. 그런데 저녁이 돼 여행 목적지에 도착해서 보니 새로 산 신발은 이미 가죽 표피가 다 벗겨졌고, 신발 밑창은 입을 떡 벌리고 있었다. '이런 걸 싼 게 비지떡이라고 하는구나' 하고 실감했던 순간이다.

비지는 콩을 갈아 두부를 만들 때 나오는, 영양분이 다 빠져나간 찌꺼기이다. 가난하던 옛날, 콩비지에 멥쌀을 조금 넣고

커 보이도록 만든 것이 비지떡이다. 떡은 찹쌀이나 멥쌀로 만들어야 맛도 좋고 먹었을 때 속이 든든하다. 비지떡은 크기만 클 뿐 영양가도, 맛도 없다. 배불리 먹어도 금방 허기가 진다. 그래서 옛날 선조들은 저렴한 가격처럼 보잘것없는 것을 가리켜 '싼 게 비지떡'이라고 비유하곤 했다.

사업을 하다 보면 '싼 게 비지떡이다'란 말을 절감할 때가 많다. 다른 조건들을 제쳐 놓고 '비용이 저렴해서' 선택한 것들은 대부분 만족할 만한 성과를 얻지 못했다. 몇 년 전, 한 프랜차이즈 전문 변호사와 자문 계약을 체결했다. 지인의 소개도 있었지만, 그를 선택한 가장 큰 이유는 연간 자문료가 저렴했기 때문이다. 월 2회, 자문 2시간을 기본으로 연 400만 원이었고, 소송 결과에 따라 성공보수를 주는 조건이었다. 일반 자문, 고문 변호 비용이 연 1,000만 원 이상에 성공보수는 따로임을 감안하면 무척 저렴한 금액이었다. 그래서인지 필자의 회사 자문 변호사는 평소 자문도 소홀할 뿐 아니라 사건이 발생하지 않도록 미리 서류를 검토해 주거나 유의 사항을 지적하지도 않았다. 결과적으로 잘못된 계약서를 썼고, 증거도 만들지 못했기에 빌려준 돈을 못 받거나 받아야 할 돈까지 떼이는 결과가 생겼다. 그가 변호를 맡았던 사건 중 승소가 단 한 건도 없을 정도다.

변호사 수임료가 낮다 보니 시간과 정성을 쏟을 수 없는 것은 당연한 이치였다. 번번이 패소하고 난 다음에야 필자는 새로운 변호사 사무실과 자문 계약을 체결했다. 자문비가 다소 높아졌지만 새로 계약한 변호사는 문제가 발생하지 않도록 계약서나 업무 환경 등을 꼼꼼히 체크했고, 소송이 발생했을 때 임하는 태도 역시 적극적이었다.

무조건 비싼 것이 좋다는 말은 아니다. 그러나 최고의 기업, 최고의 경영자가 되려면 거래처든 하청 업체든, 직원이든 최고를 만날 수 있도록 힘써야 한다. 당장의 비용은 다소 더 든다 해도 나중에 따지고 보면 총비용은 줄기 때문이다.

실제로 중국 삼국 시대, 평범했던 유비는 당대 최고의 지략가 제갈량을 만나서 최고가 됐다. 관우, 장비, 조자룡 등 천하 맹장을 곁에 둔 유비였지만 전투마다 패하면서 자신의 미천함을 한탄하게 됐다. 이때, 유비의 책사 서서는 제갈량이라는 최고의 지략가를 책사로 모시라고 권유했다. 유비는 의형제 관우와 장비를 데리고 제갈량을 찾아갔다.

처음 찾아갔을 때는 제갈량이 약초를 캐러 갔다고 해서 발길을 돌려야 했다. 두 번째는 눈이 많이 내린 선달, 눈밭에 발이 푹푹 빠지면서까지 찾아갔으나 출타했다는 말을 듣고 또 소득 없이 돌아와야 했다. 관우와 장비는 제갈량을 폄하하며 다시는 오지 말자고 불만스럽게 말했지만, 유비는 다음 해에 다시 제갈량을 찾아갔다.

세 번째로 찾았을 때, 제갈량은 집에서 낮잠을 자고 있었다. 유비는 제갈량이 깰 때까지 기다렸다가 다시 한번 도움을 달라고 부탁했다. 당시 제갈량은 유비보다 스무 살이나 어린 사람이었다. 유비의 노력 덕분에 최고의 지략가인 제갈량을 책사로 삼을 수 있었고, 결국 유비는 최고의 자리에 오르게 된다. 이 일화를 설명하는 고사성어가 우리가 잘 알고 있는 삼고초려(三顧草廬)이다.

최고가 되려면 최고를 만나야 한다. 그러기 위해서 필요한 마음가짐은 무엇일까?

첫째, 가치에 돈을 아끼지 않는다. 능력 있는 사람을 만났다면 그를 곁에 두기 위해 그만큼 투자해야 한다. 능력이 뛰어나면서 적은 보수로 계속 함께할 사람은 없다.

둘째, 인연에 연연하지 않는다. 아는 사이라고 해서 함부로 거래하거나 직원으로 채용해서는 안 된다. 비즈니스에서 지인 관계가 관여하면 능력이 떨어져도 관계를 유지할 수밖에 없다. 최고가 아니면 과감히 버려야 최고를 만날 수 있다.

셋째, 자신이 최고라고 생각해야 한다. 내가 능력이 있기 때문에 최고들 하고만 일한다고 자부할 때 비로소 최고를 만날 수 있다.

특히 직원을 채용할 때는 더 높은 연봉을 감수하더라도 최고의 인재를 뽑아야 한다. 필자에게 경영 노하우를 알려준 스승님은 이렇게 말했다. "연봉 1,000만 원짜리 직원은 1,000만 원어치 밖에 일을 못한다. 하지만 5,000만 원짜리 직원은 1억 원의 실적을 낼 수 있다. 직원을 고용할 때도 능력 없는 직원을 많이 쓰는 것보다 비싼 돈을 주더라도 능력 있고 똘똘한 직원 한 명을 쓰는 편이 낫다."

돈을 아끼는 것과 꼭 써야 할 곳에 과감히 쓰는 것은 별개의 문제다. 품질도 좋고 가격도 싸다면 금상첨화이겠지만, 사실 그런 것은 없다고 생각하는 게 마음이 편하다.

◆◆◆ 25 판단력

고름은 결코 살이 되지 않는다

[공자와 게으른 제자]

경영자에게 "사업을 하면서 가장 어려운 것이 무엇이냐"고 물으면 대부분은 "사람을 다루는 것이다"라고 한다. 실제로 사업의 성공과 실패를 결정적으로 좌우하는 요소 중 하나가 바로 '사람 관리'이다. 사업의 발전이 지체되고 경영자가 과잉 스트레스를 받고 있다면, 그 원인은 사람일 경우가 대부분이다. 성공한 리더들은 인재를 알아보는 판단력이 뛰어나며 그 인재가 역량을 발휘하도록 적재적소에 배치할 줄 안다.

노나라의 재여(宰予)는 공자가 거느린, 뛰어난 열 명의 제자 중 한 명이었다. 그는 언변이 능하였지만 매우 게을러서 낮잠을 자느라 수업에 번번이 늦곤 했다. 이렇듯 말과 행동이 다른 재여는 공자에게 미움을 받았다. 어느 날 공자는 재여가 낮잠 자는 것을 보고, 한심해하며 이렇게 말했다. "썩은 나무로는 조각을 할 수 없고, 거름흙으로 쌓은 담장에는 흙손질을 할 수 없다." 또한 공자는 재여의 말은 믿을 수가 없다며 "옛날에는 남이 하는 말을 말 그대로 받아들였는데, 지금은 남이 뭐라고 해도 상대의 행실을 보고 그 말이 진실인지 다시 확인하게 됐다"라고 했다.

L이라는 직원이 우리 회사에 입사한 적이 있다. L대리는 몇 년 전, 우리 회사에 면접을 봤지만 불합격했고, 이후 입사 기회를 보고 있다가 다시 지원서를 넣었다고 했다. 그는 인사성이 매우 밝았고, 말을 잘했다. 무엇보다 입사 전부터 대표이사인 필자를 존경하고 있다고 몇 번이나 강조했다.

필자는 공자의 제자 재여처럼 언변 좋고 필자에게 듣기 좋은 말을 하는 그를 우리 회사의 중역으로 성장시키고 싶었다. 필자는 그에게 삶의 지혜가 담긴 역사 이야기를 종종 들려줬고 그때마다 그는 "영광입니다"라고 외치며 허리를 조아렸다. 때때로 격려의 말을 해 주면 "죽는 날까지 대표님을 곁에서 모시겠습니다"라고 고개를 숙였다.

그러나 L대리는 심성이 유약해 작은 일에도 마음의 상처를 받았고, 그때마다 회사에 사표를 냈다. 그러나 필자는 스스로의 판단을 믿었고, 지금은 조금 부족해도 그가 훌륭한 중역이 되리라 믿었기 때문에 사표를 반려했다. 심지어 팀장이라는 직책을 주기도 했다.

팀장을 달았지만 감정의 기복이 심한 그는 여전히 사건만 있으면 사표를 내고 다음 날 후회하기를 반복했다. 반대로 좋은 일이 있으면 "대표님! 저는 우리 회사에 뼈를 묻을 겁니다" 혹은 "세상에서 우리 회사가 제일 좋아요"라고 웃으며 말했다.

필자는 L대리를 불러 "리더는 가슴속에 두 개의 발전기가 있어야 한다. 발전기 한 대가 꺼지면 바로 다른 발전기를 가동시켜야 한다"라고 조언했다. 그리고 "내일 집을 나서기 전에 마음의 발전기를 장착하고 나와라"라고 했다. 그는 "네, 마음속에 발전기 두 대를 준비하겠습니다"라고 답했다.

하지만 이틀 후, 그는 또다시 사표를 냈고 인사도 없이 회사를 떠났다. 그를 회사의 중역으로 성장시키겠다는 약속은 결국 상처로 남았다.

문제의 원인은 무엇이었을까? 몇 번이나 기회를 줘도 결국 실패한 L대리의 문제도 있겠지만, 가장 큰 문제는 아궁이의 땔감 밖에 안 되는 인재를 대들보 혹은 기둥으로 쓰려고 했던 필자의 판단이었다. 인재를 보는 안목이 없었던 것이다. 고름은 결코 살이 될 수 없다. 한 번 사표를 냈던 직원은 붙잡아 봤자 오래 함께할 수 없다는 진실만 확인된 것이다.

직원이 사표를 낸다고 바로 수리하는 경영자는 많지 않을 것이다. 새로 직원을 채용해서 가르치고 회사에 적응시키려면 많은 시간과 노력이 들기 때문이다. 그래서 퇴사하는 직원을 잡고 싶어 한다. 그러나 그런데 사표를 냈던 직원을 잡는다고 해서 그 직원이 길게 근속하는 경우는 거의 없다.

'썩은 나무로는 조각할 수 없다'라는 공자의 말은 현대를 살아가는 우리에게 시사하는 바가 크다. 지금 곁에 있는 사람이 나에게 어떤 사람인지 판단할 지혜와 안목이 필요하다. 하던 일을 멈추고 나의 인생길에 함께 선 사람들을 한 명 한 명 마음을 다해 살펴보자. 혹시나 썩은 나무를 재목으로 쓰려는 우를 범하고 있지는 않는가?

조직을 망치는 직원과 조직을 살리는 직원

[육정과 육사]

'좋은 직원을 뽑고 싶다'는 것은 모든 경영자의 바람이다. 기업의 경쟁력은 결국 직원 개개인의 능력이기 때문이다.

《사기》의 〈상군열전(商君列傳)〉에서 조량(趙良)은 "1,000마리의 양가죽은 한 마리의 여우 겨드랑이 가죽만 못하다"라고 했다. 1,000명의 아부하는 신하는 직언하는 한 사람만 못하다는 것이다.

기업 역시 직원이 많다고 잘되는 것이 아니라, 똑똑하고 지혜로운 직원이 존재하는지 여부가 중요하다. 사업 초기, 필자는 마음에 안 드는 면이 있더라도 일단 직원을 뽑고 가르쳐서 일을 시키려고 했다. 그러나 어떤 이들은 일을 조금 배워서는 연봉을 더 준다는 곳으로 바로 이직했고, 또 어떤 부류는 능력을 개발하지 않고 오랫동안 회사에 남아서 필자에게 아첨하며 발전을 막았다.

경영자가 직원들을 속속들이 모른다면 조직은 쉽게 와해되고 업무 성과도 낼 수 없다. 직원을 모집하고 뽑는 것은 경영자의 권한이지만, 잘못 선택하고 관리했을 때 입는 타격 역시 경영자의 몫이다.

당나라 시대, 정치 문답을 정리한 《정관정요(貞觀政要)》에는 올바른 신하와 사악한 신하를 각각 여섯 유형으로 제시한다. 이것을 육정(六正)과 육사(六邪)라고 한다. 경영자가 이 차이를 이해하고 기업에 적용한다면, 좋은 직원을 뽑아 기업 조직을 살릴 수 있을 것이다.

육정은 이와 같다.

첫째는 성신(聖臣)으로, 이들은 사건의 기미나 형체가 드러나기도 전에 나라의 존망과 득실을 정확히 파악한다. 재앙이 일어나기 전에 원인을 막고 군주가 영광된 지위에 있도록 하는 신하이다.

둘째는 양신(良臣)으로, 성심성의껏 국사를 처리하고 매일 군주에게 좋은 의견을 제시하며 예의로써 군주를 염려한다. 훌륭한 계책이 있을 때 군주에게 아뢰고, 군주에게 좋은 생각이 있으면 따르며, 군주에게 허물이 있을 때는 즉시 바로잡는 신하이다.

셋째는 충신(忠臣)으로, 군주보다 일찍 일어나고 늦게 자며, 현명하고 재능 있는 인재를 추천하는 일에 게으르지 않다. 항상 고대 현인의 행실을 칭찬하며, 그것으로 군주의 의지를 격려하는 신하이다.

넷째는 지신(智臣)으로, 일의 성공과 실패를 미리 볼 줄 알아 이를 대비해 필요한 법을 세워 보충한다. 잘못된 부분을 막고, 재앙의 뿌리를 끊으며, 재앙을 복으로 만들어 군주가 평소 근심이 없도록 하는 신하이다.

다섯째는 정신(貞臣)으로, 법도를 준수하며 적절한 인재를 추천해 직무를 잘 처리하고, 뇌물을 받지 않으며 봉록을 탐하지 않는다. 상을 다른 사람에게 돌리고, 음식을 절약하며 검소하게 사는 신하이다.

여섯째는 직신(直臣)으로, 군주가 어리석어 나라에 혼란이 발생했을 때 아첨하며 윗사람의 행동을 따르는 대신 과감하게 군주의 성난 안색을 마주하고, 군주의 허물을 면전에서 논하는 신하이다.

반면 육사는 다음과 같다.

첫째는 구신(具臣)으로, 숫자만 채우는 신하이다. 관직에 안주하고 봉록을 탐하며, 일이 발생하면 관망할 뿐 주관적인 견해가 없는 신하이다.

둘째는 유신(諛臣)으로, 군주의 어떤 말과 행동이든 모두 좋다고 하며 군주가 좋아하는 것을 찾아 바친다. 눈과 귀를 즐겁게 하는 것으로 군주에게 잘 보여서 관직을 보존한다.

셋째는 간신(奸臣)으로, 속마음은 사악함으로 가득 차 있으면서 겉으로는 근사한 말과 온화한 얼굴로 다른 사람들의 환심을 사며, 어진 사람을 질투한다. 또한 누군가를 추천할 때 그 사람의 우수한 점은 과장하고 단점은 가리며, 누군가를 비방할 때 그 사람의 허물을 과장하고 우수한 점은 가림으로써 군주가 포상과 징벌을 제대로 할 수 없게 한다.

넷째는 참신(讒臣)으로, 자기 잘못을 교묘하게 가리고 궤변에 능통하며, 속으로는 골육지친(骨肉之親)의 관계를 이간질하고, 밖으로는 조정에서 반란을 조성하는 신하이다.

다섯째는 적신(賊臣)으로, 사사건건 시비를 걸고, 사사로이 패거리를 지어 자기 집만 부유하게 하고, 임의로 성지를 위조해 스스로 존귀해지는 신하이다.

여섯째는 사신(邪臣)으로, 화려하고 교묘한 말로 군주를 속여 불의에 빠지게 한다. 사사로이 당파를 결성해 군주의 눈을 가리고, 군주가 흑백을 구분하지 못하게 한다. 시비가 불분명해 군주의 악명이 세상에 퍼지도록 하므로 결국 나라를 멸망시키는 신하이다.

경영자가 직원을 승진시킬 때는 사사로운 감정을 버리고 육정의 특징을 기준으로 삼아 조직의 발전을 도모해야 한다. 또한 육사의 특징을 직원 개개인의 판단 기준으로 삼는 것이 옳다. 지금 당신의 일터에 육정에 해당하는 직원과 육사에 해당하는 직원이 각각 몇 명 있는지 살펴보자. 그리고, 육사가 있다면 그들을 없애는 데도 마찬가지로 역량을 발휘해야 한다.

3장

위기 관리의 자리

인생의 절정과 나락에서 나를 발견한다

[팽성 대전]

누구나 살다 보면 삶의 절정의 순간을 맞기도, 절망의 나락으로 떨어지기도 한다. 돌이켜 보면, 필자의 인생이 가장 평화로웠던 때는 30대 중반부터 40대 중반까지였다. 사업은 잘 풀렸고, 부모님은 건강했다. 자녀도 큰 문제 없이 성장했기에 그야말로 근심 걱정 없던 시기였다. '전성기'라고도 할 수 있겠다. 그때 선배 한 명이 충고했다. "잘 나갈 때 잘해. 항상 잘되는 건 아니야!"

그때는 선배의 말을 비웃었다. '내 인생에는 내리막은 절대 없을 거야'라고 오만하게 생각한 것이다. 어려서 많은 고생을 했기에 다시 위기는 오지 않을 거라고 믿었다. 필자는 경영자로서 그리고 가장으로서 제 역할을 하지 않고 밖으로 나돌기 시작했다. 재테크나 신성장 사업에 신경 쓰지 못하고, 다른 분야에 도전했다. 절정의 순간, 다가올 내리막을 준비하지 못했던 것이다. 오십 살이 넘을 무렵, 절망스러운 순간이 시작됐다.

회사의 성장은 멈추었고, 매일 크고 작은 문제들이 터져 나왔다. 모든 것을 포기하고 싶은 순간도 있었다. 고통으로 발버둥 칠수록 더 고통스러웠다. 하지만 "자신의 모습이 마음에 들지 않아 돌아섰지만, 차마 버릴 수 없어 돌아왔다"는 윤동주 시인의 시 〈자화상〉처럼 스스로를 버릴 수는 없었다.

대신 자신에게 자극을 주고 동시에 격려하기 위한 방법을 찾다가 글을 쓰기 시작했다. 특히 평소 관심 있던 인문학을 배우며, 역사적인 인물과 사건을 되새기고, 인생과 사업에 적용해 보곤 했다. 글을 쓰면서 절망의 순간에 꼭 나쁜 면만 있지는 않다는 사실을 알게 됐다. 긴 시간을 버텨 내며 인생에 쌓인 오만, 독선, 나태함을 버릴 수 있었다. 또한 미워진 자신을 진심으로 사랑하게 됐다. 위기가 찾아와도 스스로를 놓지 않는다면 언젠가 다시 인생의 정점으로 올라갈 수 있다고 믿게 됐다.

중국 한나라의 창업 군주 유방(劉邦)이 시대의 라이벌 항우(項羽)와의 첫 번째 전투인 팽성 대전에서 참혹하게 패배했을 때의 일이다. 56만 명의 군사를 보유한 유방은 방심했다가 3만 명의 군사를 지닌 항우에게 치욕적으로 대패했다. 초나라 군사 한 명이

한나라 군사 열 명을 죽였다고 하니 유방으로서는 일생일대 최악의 순간이었을 것이다. 유방은 마차에서 자식까지 던지고 도망쳤다.

하지만 실패는 유방을 더 강하게 만들었고 천하를 통일하게 하는 원동력이 됐다. 유방은 휘하의 장수에게 "항우와 다시 싸우고 승리해, 그의 땅인 함곡관을 떼어 주겠다"고 약속하기까지 했다. 가장 어려운 순간을 맞고도 평정심을 유지하며 부하들의 사기를 북돋웠던 것이다. 누군가는 허풍이라고 할 수 있겠지만, 그의 태도는 가장 힘든 순간을 이기고 절정으로 오르기 위한 긍정의 각오를 보여 준다.

나락으로 떨어졌을 때도 자신감만 꺾이지 않는다면 얼마든지 훗날을 도모할 수 있다. 최후의 승자는 가장 낮은 골짜기에서도 가장 높은 봉우리로 오를 준비를 한다. 골짜기로 떨어진 시간은 모든 것을 버리고 재정비할 수 있는 좋은 시간이기 때문이다. 나락과 절정의 순간은 서로 이어져 있다. 골짜기에 떨어졌다면 필요 없는 것들을 버려 몸을 가볍게 하고, 정상에 있는 동안은 골짜기로 떨어질 순간을 염두에 두며 대비해야 한다.

지금이 인생에서 가장 큰 침체기라고 느낀다면, 우선 분명히 힘들 당신을 위로하고 싶다. 뒤이어 지금이 '필요 없음에도 끌어안고 산 것을 버릴 수 있어 좋은 시간이다'라고 생각하길 바란다. "미워서 다시 돌아왔다"는 〈자화상〉 시구처럼, 자신을 사랑하고 인생의 나락을 받아들일 때 우리는 곧 정상으로 다시 오를 수 있을 것이다.

살아남은 자와 죽은 자의 차이

[아문센과 스콧의 남극 탐험]

시대와 국가, 사회를 막론하고 언제나 라이벌은 존재한다. 조사에 따르면 한국에는 1만 개에 가까운 프랜차이즈 브랜드가 운영되고 있다. 또 연간 800종류의 브랜드가 생겨나고 없어지기를 반복 중이다. 이 중 20년 이상 사업을 유지한 브랜드는 500개가 넘지 않는다고 하니 프랜차이즈 브랜드는 다산다사(多産多死) 하는 구조로 흐르고 있다고 할 수 있다.

죽 업계에도 2000년도 초반에는 30개 이상의 브랜드가 있었다. 필자가 운영하는 '죽이야기'는 운영 햇수로 20년이 넘어 성공한 장수 브랜드로 분류되고 있으나, 경영자로서는 여전히 아쉬운 부분이 크다. 동종업계 1위를 차지하지 못했기 때문이다.

예를 들어 사회단체나 CEO 모임에 나가면 사회자가 필자를 이렇게 소개할 때가 있다. "여러분! 'B죽' 아시죠? 마찬가지로 죽 전문점 브랜드인 '죽이야기'의 임영서 대표이사입니다." 이해를 돕고자 하는 유머러스한 설명이지만, 그럴 때마다 필자는 경쟁사와의 경쟁에서 이기지 못한 원인을 찾고자 고심한다.

살아남을 것인가, 죽을 것인가! 필자가 경쟁에서 진 원인과 배울 점을 남극을 최초로 선점한 라이벌, 아문센과 스콧 대령을 통해 탐구해 봤다.

대항해 시대 이후, 노르웨이의 로알드 아문센(Roald Amundsen)과 영국의 로버트 스콧(Robert Scott)은 국가적 자존심을 걸고 많은 나라를 탐험했다. 그러던 중 두 사람은 우연인지 필연인지 비슷한 시기에 남극으로 출항했다.

영국 제국의 대령이었던 스콧은 정부의 강력한 지원과 후원금으로 넉넉하게 출발했다. 한편 자신도 같은 곳으로 향한다는 사실이 알려지면 스콧에게 더 많은 후원이 갈까 봐 두려웠던 아문센은 소용히 남극으로 떠났다.

남극을 먼저 선점한 쪽은 장비를 충분히 갖춘 스콧이 아니라 열악한 환경의 아문센이었다. 스콧이 남극점에 도달했을 때, 그곳에는 이미 아문센 일행의 노르웨이 국기가 꽂혀 있고 간단한 편지와 식량이 남겨져 있었다. 그뿐만 아니라 아문센은 출항한 지 96일 만에 돌아왔지만 스콧 대령은 연락이 끊겼다가 9개월 후 눈 덮인 텐트에서 시신으로 발견됐다.

당시 스콧 옆에는 일기장이 놓여 있었는데, 거기에는 자신이 아문센과의 경쟁에서 진 이유가 썰매를 끌던 말이 죽는 등 돌발 상황이 일어났고, 나쁜 날씨 등 조건이 안 좋았기 때문이라고 적혀 있었다. 물론 그 말에 납득할 사람은 없다. 아문센도 똑같은 조건이었기 때문이다.

풍족한 여건으로 탐험대를 꾸렸던 스콧은 죽어서, 그보다 열악한 환경의 아문센은 남극점을 정복하고 무사히 돌아왔다. 그렇다면 살아남은 자와 죽은 자에게는 어떤 차이가 있었을까? 지금부터 두 사람의 차이를 확인하고 필자가 경쟁에서 진 이유와 비교해 보겠다.

첫째, 환경에 대처할 수 있는 철저한 현지화 전략이다. 탐험대의 규모가 변변치 않았던 아문센은 그린란드 이누이트족으로부터 극한에서 견딜 수 있는 생존 전략을 배웠다. 그 결과, 어떤 상황에서도 빠른 대처가 가능하도록 행동을 최대한 단순화하기로 했다. 아문센은 추위에 강하고 빠른 그린란드견을 이동 수단으로 삼았고, 외형은 볼품없지만 가볍고 따뜻한 에스키모들의 동물 털가죽 방한복을 선택했다. 이에 비해 스콧은 영국의 과학 기술이 반영된 전략과 장비를 사용했다. 이동 수단으로는 시베리아 조랑말과 눈썰매를 선택했고, 유럽식 방한복을 입었다. 물론

이 복장으로는 영하 40도 추위를 견딜 수 없었다.

또한, 아문센은 남극점에 빠르게 도달하기 위해 썰매 무게를 줄이는 데 중점을 두고 필요 없는 짐을 계속 버려 나갔다. 반면 스콧은 처음부터 마지막까지 무거운 짐을 가져갔고, 결국 지쳐서 죽게 되었다. 사업 또한 시시각각 변하는 환경에서 빠르게 적응할 수 있는 대안이 필요하다. 필자는 고객의 선호도나 시장 분위기가 바뀌는 걸 알면서도, 마지막까지 현재 상황을 유지하기 위해 애쓰곤 했다. 상황을 빠르게 살피며 계속해서 시장 상황에 맞는 새로운 방법을 찾고 타협하는 지혜가 필요하다.

둘째, 유연한 대처력이다. 체력을 아끼며 빠르게 이동하기 위해 아문센은 탐험대원을 모두 스키 탈 줄 아는 사람으로 구성했다. 반면 스콧은 과학자, 사진작가 등 다양한 분야의 전문가로 일행을 구성했다. 일부 구간은 걸어서 이동해야 했기에 체력이 금방 소진됐고, 진행 속도 또한 느려졌다. 스콧은 탐험 과정에서 만날 위험과 경우의 수를 미리 생각하지 못했기 때문에 극한의 상황에서 극복할 수 없었다. 필자 또한 회사를 경영하면서 먼 미래는 고사하고 가까운 내일도 예측하지 못한 채 안일하게 행동하곤 했다. 경영자는 최고의 방법을 찾는 것도 중요하지만, 현재의 상황에 맞는 유연한 대책을 내놓아야 한다.

셋째, 목표에 도달하는 과정에서 끊임없이 기록과 증표를 남겼다. 아문센과 스콧은 총 세 곳에 식량 저장소를 설치했다. 그런데 아문센은 식량 저장소뿐 아니라 적도 1도마다 깃발을 꽂아 길을 잃지 않도록 한 반면 스콧은 식량 저장소에만 표시해 놓았기 때문에 돌아오는 길에 단 한 곳도 찾을 수 없었다. 필자는 목표 설정과 계획에 따른 업무 성과 분석을 등한시했고, 이것이 회사 발전을 둔화시켰다. 뛰어난 사업가라면 목표를 세우고 그 목표를 달성했는지 매월, 매년 주기적으로 리뷰하며 체크해야 한다. 직원들을 기준에 맞춰 평가하고, 인센티브와 페널티를 부여하는 것도 꼭 필요한 과정이다.

비즈니스 세계에서는 싸워서 살아남는 자가 승자이다. 라이벌이 없는 비즈니스의 세계는 없다. 따라서 패배했다면 라이벌의 성공 전략을 적극적으로 분석하고, 배울 점을 찾아내 나의 일에 적용해야 한다. 자존심 때문에 상대 기업을 무시해서는 안 된다. 진짜 자존심 상하는 일은 '패배'이기 때문이다. 한 기업이 살아남을 것인가, 죽을 것인가는 경쟁자의 전략 싸움에서 결정된다.

싸우지 않고 이기는 법

[윤회와 오리]

조선 초기, 대제학을 지낸 윤회와 관련된 야사가 있다. 윤회가 외딴 시골길을 가던 도중 저녁이 되어 한 주막에 머물기로 했다. 방이 없다고 해 마당 평상에 앉아 있는데 주막 주인의 아들이 진주를 갖고 놀다가 땅에 떨어뜨렸다. 그런데 때마침 옆에 있던 거위가 진주를 꿀꺽 삼키는 것이 아닌가. 진주를 잃어버린 아이가 엉엉 울자 주인은 진주를 이리저리 찾아보았지만 당연히 진주는 아무 데도 없었다. 주인은 윤회를 의심하고 불같이 화를 내면서 꽁꽁 묶고는, 다음 날 관가에 고발하겠다고 엄포를 놓았다. 그러자 윤회는 순순히 포박을 당하면서 거위도 옆에 함께 묶어 달라고 부탁했다. 생뚱맞다고 생각하면서도, 주인은 윤회의 부탁을 들어주었다.

다음 날 아침이 되자 윤회는 큰 소리로 주인을 불렀다. "진주를 훔친 도둑이 무슨 낯짝으로 부르냐?"며 주인이 다가오자, 윤회는 "저 거위가 똥을 누었으니 살펴보시오"라고 했다. 거위의 똥을 살피던 주인은 그 속에 진주가 있는 것을 보고 깜짝 놀랐다. 주인은 윤회를 풀어 주고는 진심 어린 사과를 하며 물었다. "왜 어제 거위가 진주를 삼켰다고 말하지 않았소?"

그러자 윤회는 말했다. "당신이 어제 엄청나게 화가 나 있었는데 내가 어떤 말을 한들 믿었겠소? 또 만약 내 말을 믿었다면 당신은 당장 거위의 배를 갈라 진주를 찾으려고 했을 것이요. 그러면 진주는 금방 찾았겠지만 거위는 죽지 않았겠소."

윤회의 말을 정리하면, 화가 났을 때 무언가를 결정하면 첫째, 상대방의 말을 믿지 못하고 화를 내 신뢰를 잃고, 둘째, 성급하게 행동해 아무 잘못 없는 거위 같은 재산을 잃는다는 뜻이다. 물론 떠도는 이야기일 뿐이지만, 오늘날을 살아가는 우리에게 주는 교훈이 크다.

사업을 하다 보면 직원, 거래처, 고객 등에게 억울하게 의심을 받거나 피해를 겪을 때가 많다. 비상식적인 고객이 당혹스러운 요구를 하기도 한다. 특히 외식업을 하는 필자는 가끔 말도 안 되는 협박을 받는다. 배달받은 음식을 겨우 몇 수저 남기고는 "음식이 상했으니 반품을 해 달라"고 한다든가, 증거 없이 음식에서 이물질이 나왔다고 하면서 "배상해 주지 않으면 인터넷에 글을 올리겠다", "식약처에 신고하겠다"며 금전 보상을 요구한다. 성격 같아서는 당장 찾아가서 시시비비를 가리고 싶다. 몇 날 며칠을 분하고 원통하여 마음을 진정시킬 수 없을 때도 있지만, 참아야 할 때가 많다.

한번은 회사의 중간 간부 한 명이 퇴직을 신청했다. 사표를 수리하면서, 그가 업무 중 실책이 많았고, 그로 인해 손실이 발생했다는 사실을 알게 됐다. 심지어 회사가 감당하기 힘들 만큼 큰 규모라서 그가 퇴직하기 전에 책임을 묻고, 심하게 화를 내고 싶었다.

하지만 진주를 삼킨 거위를 살린 윤회를 생각하면서 참고 또 참기로 했다. 경영자의 즉각적인 반응은 더 큰 손실로 이어진다는 것을 알기 때문이었다. 무엇보다 필자가 지켜본 그는 자신이 일으킨 손실을 숨기고 퇴사할 인물이 아니었다.

며칠 후, 인사과 직원들이 그와 면담한 결과를 보고했다. 일부 손실이 있긴 했지만 처음 들은 것만큼 피해가 크지 않았고, 대부분 복구된 상황이었다. 그와는 퇴직한 이후 지금까지도 간간이 연락하며, 서로 도움을 주고받는 관계로 남았다.

사업하면서 후회되는 것 중 하나는 '그때 왜 못 참았을까?'이다. 윤회도 분명 억울하고 분한 마음이 들었을 테지만, 단 하룻밤만 지나면 모든 것이 자연스레 밝혀지고 오해가 풀린다는 사실을 알고 있었기에 누구보다 차분하고 냉정하게 행동하며 최선의 선택을 했다.

중국 북송 시대의 시인 소동파(蘇東坡)는 〈자유에 화답하다(和子由)〉라는 시에서 '설니홍조(雪泥鴻爪)'라는 표현을 썼다. '기러기가 앉아 생긴 눈 진창의 발자국도 녹고 나면 그 자취가 없어진다'는 뜻으로, 살아가다 보면 여러 감정이 들 때가 있겠지만 그 순간을 냉정하게 판단한 후 넘어가는 게 좋다는 의미로도 해석할 수 있다. 시간이 지난 후 생각해 보면 아무것도 아니기 때문이다. 누군가 싸움을 걸어 올 때, 같이 싸우려고 들면 결국 소중한 것을 잃는 경우가 많다. 강물이 소리 없이 부드럽게 흐르듯, 차분하게 싸움을 피하는 것도 지혜로운 삶의 기술이다.

사업을 하면서 당장 이기려고만 하면 혜안이 좁아지고 통찰력을 잃기 쉽다. 우선 한발 물러나서 이해하고 받아들이는 자세가 필요하다. 전체적인 국면을 유리하게 이끌어가서, 결국 이기는 방법이다.

안일한 경영자의 최후

[선조와 임진왜란]

사업을 잘하는 경영자의 공통점은 사업체의 규모가 크든 작든, 모든 업무에 신중하다는 것이다. 법무, 노무, 인사, 재무, 세무, 고객 관리, 거래처 관리, 마케팅, 시설설비 관리, 안전 관리, 대인관계, 중대재해 대비책 마련 등 경영자가 체크해야 할 것은 헤아릴 수 없을 만큼 많다.

그런데 이렇게 많은 분야를 경영자가 일일이 관리할 수는 없다. 사람에 따라 잘하는 분야가 있고, 좋아하는 분야가 다르기 때문이다. 당연히 자신이 잘 못하는 분야, 잘 모르는 분야의 업무에는 소홀해질 수밖에 없다.

경영자에게도 서툰 부분이 있다는 것은 물론 이해한다. 하지만 잘 모르는 것과 안일하게 생각하는 것은 다르다. 살펴보지도 않고 "문제없을 거야!" 혹은 "잘될 거야!"라며 근거 없이 막연하고 낙관적으로 넘어가면 때때로 치명적인 실수로 돌아온다.

안일한 판단이 세상을 큰 혼돈 속으로 빠뜨리고, 역사를 전혀 다른 방향으로 급선회하게 만드는 경우가 종종 있었다. 예를 들면 조선 시대 임진왜란 전후의 사건이다.

1592년 임진왜란이 발생하기 14개월 전, 이순신 장군은 전라좌도 수군절도사로 임명됐다. 전라좌수영으로 부임한 그는 왜침을 대비해 전선을 건조하고 군비를 확충했다. 또한 군량 확보를 위하여 육지와 가까운 섬에 둔전(屯田)을 설치할 것을 조정에 요청하기도 했다.

1590년 3월, 도요토미 히데요시가 전국의 무사들을 정리한 후 중앙집권화를 이루자 선조는 일본의 정세를 파악하기 위해 서인이었던 황윤길을 정사로, 동인이었던 김성일을 부사로 임명해 통신사를 파견했다.

'왜가 반드시 침입할 것'이라는 황윤길의 보고와는 반대로, 김성일은 백성들의 민심이 흉흉해질 상황을 우려해 왜가 군사를 일으킬 기색은 보이지 않는다고 밝혔다. 선조는 정사 황윤길이 아닌 부사 김성일의 보고를 더 신뢰했다.

이후 얼마 지나지 않아 임진왜란이 발발했다. 임진왜란은 7년 동안 이어지며 조선에 큰 상처와 피해를 줬다. 경작지가 전쟁 전에 비해 3분의 1로 줄어들며 황폐해졌고, 인구도 크게 감소했다. 수많은 사람이 일본에 포로로 끌려가기도 했다. 조선 통신사 김성일의 안일함이 나라를 백척간두(百尺竿頭)의 위기에 놓이게 한 것이다.

실제로 사업을 하면서 문제는 대부분 필자가 잘 모르는 분야 혹은 소홀히 한 분야에서 발생했다. 한번은 급격히 상승하는 직원 인건비와 강화되는 고용노동 정책에 대비해 직원 수를 유지하면서도 업무 효율을 높이기 위한 방법이 필요했다. 결과적으로 직원들의 업무뿐 아니라 가맹점 관리, 물류 배송까지 경영 수치를 모바일을 통해 한눈에 파악할 수 있는 사내 전산망을 개발하기로 했다.

IT 분야를 잘 모르는 필자는 관련된 모든 업무를 R담당자에 일임했다. 더 유능한 업체가 있다는 그의 말만 믿고, '알아서 잘 하겠지'라며 20여 년간 거래하던 전산 회사 대신 새로운 업체와 작업을 진행했다.

하지만 계약 이후, 자잘한 문제가 생기며 지금까지 거래했던 회사가 기술력도 훨씬 높고 안정적인 회사라는 사실을 알게 됐다. 기존 거래 회사와 다시 계약을 체결하자니 새로 계약한 회사에 위약금을 물어야 하고 이 업체와 계속 일하자니 불안감으로 밤잠을 이룰 수가 없었다.

전산 개발을 시작한 지 1년이 넘도록 작업은 끝날 기미는 없고, 그러는 동안 가맹점과 본사 직원들은 불편함을 호소했다. 이처럼 필자의 회사에 위협을 가한 일들을 떠올려 보면 대부분 경영자인 필자가 잘 모른다며 담당 직원들에게 맡기고 신경을 쓰지 않은 분야였다. '뭐, 큰 문제가 생기겠어'라고 안일하게 넘긴 일들이 어김없이 위기를 초래한 것이다.

잘 모르는 분야의 업무, 혹은 관심이 없는 업무라고 소홀하게 관리하다 보면 반복적인 손실을 보게 된다. 가볍게 확인했으면 될 업무를 문제가 발생한 이후에 수습하려고 하면 결국 더 큰 스트레스로 돌아온다.

필자는 컴퓨터 바탕화면과 다이어리에 체크 리스트를 만들어 놓았다. 여기에는 일주일에 한 번씩 체크해야 할 업무, 한 달에 한 번씩 진행 상황을 확인해야 할 업무, 분기별 활동 사항이 구분돼 있다. 회사 조직도에도 중요하지만 챙기기 힘든 요소를 팀별 목록으로 만들어 두고 잘 지키고 있는지 확인한다. 직원별로 업무 체크 리스트를 쓰게 하고, 이 내용을 취합한 후 회사 전체의 체크 리스트로 만들기도 한다.

둑은 한 번에 무너지는 것이 아니라 아주 작은 균열이 생겼을 때부터 차근차근 붕괴하기 시작한다. 경영자가 사소하지만 중요한 부분까지 챙겨야 하는 이유다.

기업이든 소규모 점포이든 경영자가 의식을 갖고 집중하지 않으면 위기가 찾아온다. 성공하고 싶다면, 사소한 것도 면밀히 체크할 필요가 있다. 성공에 대충대충은 결코 없다. 오늘 바로 자신에게 필요한 업무 리스트를 작성하고 사소한 것부터 살펴보는 지혜를 발휘하자.

악재가 쓰나미처럼 밀려올 때

[석가모니의 두 번째 화살]

인생은 그 자체로 참으로 고단하지만, 좋지 않은 일을 수습할 새도 없이 또 다른 나쁜 일이 줄지어서 찾아올 때는 삶이 더 힘들게 느껴진다. 그럴 때마다 많은 사람이 "운이 없다" 혹은 "되는 일이 없다"라고 푸념하며 아무것도 하지 않고 포기해 버린다.

얼마 전 필자에게도 감당하기 힘든 일이 밀려왔다. 서울의 한 병원에 프랜차이즈 매장을 출점하면서, 여건이 맞지 않아 위탁 운영을 하게 됐다. 당시 일을 맡은 사람은 필자가 아주 신뢰하던 K사장이었다. 그런데 3년간 병원에 월세를 한 번도 안 냈을 뿐만 아니라 본사에서 초기에 투자한 금액도 갚지 않았다는 사실을 뒤늦게 알게 됐다.

임대료를 한 푼도 받지 못한 병원은 나가 달라고 통보했고, 회사는 고스란히 손해를 떠안을 수밖에 없었다. 심지어 K사장은 여러 가지 꼬투리를 잡으며 병원과 본사를 고소하겠다고 협박했다. 필자는 너무 억울하고 화가 나서 "세상에 어떻게 저런 사람이 있는가!"라며 밤낮으로 분노를 표출하느라 일상생활조차 제대로 할 수 없었다.

연거푸 다른 직원과의 갈등, 주변 사람들과 다툼, 하청 업체에 대한 불신 등이 필자를 힘들게 했다. 만사가 귀찮고 짜증이 났으며, 회사에서는 툭하면 화를 냈고, 주변 사람들에게도 작은 일로 꼬투리를 잡았다. 이로 인해 떠나는 직원이 생기고, 서로 상처를 주고받았다. 필자의 일상은 분노와 좌절, 근심과 상실, 부정과 짜증으로 얼룩졌다.

그 무렵 가깝게 지내는 지인인 A대표가 찾아왔다. A대표 역시 최근 회사 문제, 가정 문제, 돈 문제 등 안 좋은 일뿐이라고 괴로워했다. 그를 보면서 필자는 다시 한번 '악재는 하나씩 오는 것이 아니라 동시다발적으로 밀려온다'는 사실을 절감했다.

그런데 가만히 보니, 악재는 처음 하나에서 파생해 연이어 발생하는 것이 아닌가. 어떻게 하면 이 악재들을 끊고, 지금 서 있는 땅에서 다시 삶의 정상으로 오를 수 있을까 고민했다.

괴로운 생각을 쥐고 있는 동안은 괴로움에서 벗어날 수 없다는 사실을 우리는 잘 알고 있다. 2500년 전, 석가모니는 제자들에게 어리석음에 빠지지 말 것을 당부하면서 '두 번째 화살'에 대해 설파했다. 부처님의 가르침을 전하는 경전인 《잡아함경(雜阿含經)》에 나오는 내용이다. 석가모니는 "어리석은 범부든 지혜로운 사람이든 어떠한 사태를 만나면 좋고 나쁜 생각을 한다. 범부들은 그 감정에 포로가 돼 집착하지만, 지혜로운 사람은 감정에 집착하지 않는다. 그래서 어리석은 사람은 두 번째 화살을 맞는다고 하고, 지혜로운 사람은 두 번째 화살을 맞지 않는다고 한다"고 말했다. 즉, 첫 번째 화살은 실제로 일어나는 사건이며, 두 번째 화살은 그 사건을 해석하는 개개인의 감정적 반응이다.

금전적, 시간적 피해를 본 것은 첫 번째 화살이다. 이건 어쩔 수 없다. 하지만 "내가 어쩌다가 저런 사람과 친하게 지냈을까?"라고 분노하며 자신을 파괴하는 것은 두 번째 화살이다. 대부분은 첫 번째 화살을 맞으면, 즉각적으로 두 번째 화살을 자신에게 쏘기 시작한다.

인간이 느끼는 고통의 대부분은 실제 사건 그 자체보다 이후에 이어지는 감정적 반응에 의한다. 스스로의 삶을 지금보다 더 아래로 떨어뜨리는 것은 결국 내가 나에게 쏜 두 번째 화살이다. 악재가 밀려온 이유는 결국 첫 번째로 맞은 화살에 대한 감정 컨트롤이 잘못됐기 때문이다. 그래서 결국 2차, 3차로 치명적인 독화살을 맞을 수밖에 없다.

만약 필자가 K사장과의 분쟁을 "살다 보면 이런 일은 얼마든지 있을 수 있지"라며 여유 있게 대처했다면 다음 일을 더 큰 악재로 만들지 않았을 것이다. 평정심을 잃고 직원에게, 거래처에게 감정적으로 대한 것이 나쁜 일을 줄지어서 오도록 만들었다. 사람은 태어난 이상 상실과 실패, 재난, 시련등의 고통을 어쩔 수 없이 겪게 된다. 그것에 얽매일수록 더 큰 상처를 입을 수밖에 없다. 그렇다면 어떻게 하면 악재를 빨리 끝낼 수 있을까?

첫째, 누구에게나 나쁜 일이 올 수 있다는 사실을 수긍하고 받아들여야 한다. "나에게 왜 이런 일이 생기는가!"라고 불만을 갖게 되면 다음으로 다가오는 일도 나쁜 일처럼 느껴지고, 결국 더 큰 악재로 변질된다.

둘째, 나쁜 일을 한 번에 해결하려고 하지 말자. 나쁜 일은 우리보다 강하기 때문에 전부 풀려고 하면 더욱 꼬이기 마련이다. 엉킨 실타래를 풀듯 쉽게 해결될 문제부터 차분하게 하나씩 풀어나가면 다음 일은 자연스레 해결된다. 지금 당신에게 악재가 떠밀려 오는 중이라면 노자(老子)의 말을 생각해 보자.

"인생은 자연스럽게 일어나는 변화와 스스로 일으키는 변화의 반복이다. 저항하면 불행해질 뿐이다."

인생에 역경이 오는 것은 당연하다. 우리가 해야 할 일은 역경을 어떻게 이길지 걱정하며 화를 내는 것이 아니라 당장 없앨 수 있는 일 하나를 찾고 풀어내는 것이다.

잃을 게 없는 사람은 피하는 게 상책

[관중과 네 명의 간신]

활동하던 조기축구회에서 S라는 자영업자를 만난 적이 있다. 그는 동네 사거리 뒷골목에서 삼겹살 가게를 운영하고 있었다. 힘들게 식당을 꾸려 나가던 그는, 필자의 직업을 알고는 '부진한 점포 회생 컨설팅'을 부탁했다. S 씨의 사정을 딱하게 여긴 필자는 월세는 고사하고 식재료를 살 돈도 없는 그에게 무료로 컨설팅을 진행했다. 우선 지금까지 엉망으로 장사해서 나빠진 이미지를 바꾸고자 업종 자체를 찜 전문점으로 전환할 것을 추천했다. 그뿐이 아니었다. 필자가 잘 알고 지내는 간판 업체, 주방기물 업체에서 물건을 협찬받아 실질적인 금액까지 지원했다. 결과는? 찜 전문점으로 업종을 전환한 첫 달, 원육 가격으로만 2,400만 원을 사용할 정도로 대박 중의 대박이 났다.

지금까지 배운 노하우를 통해 혼자서도 성공할 수 있다고 판단한 그는 그때부터 필자, 그리고 필자가 소개한 육가공 업체에게 연일 싸움을 걸었다. 각종 꼬투리를 잡아 대금을 상환하지 않으려는 속셈이었다.

필자는 어느 순간, 싸움을 멈출 수밖에 없었다. 납품한 원육값은 끝끝내 받지 못했지만 포기했다. 그는 잃을 것이 없는 사람이었고, 싸워서 이긴다고 해도 그사이 원육값 이상으로 손해를 볼 게 뻔했기 때문이다.

사실 필자도 어렸을 때는 '잃을 것이 없는 사람'이었다. 현실이 늘 불만족스러웠고, 자주 화를 냈다. 주변 사람들에게 곧잘 시비를 걸었으나, 이런 필자와 싸우려는 사람은 없었다. 당시에는 '내가 싸움을 잘해서 사람들이 덤비지 않고 피하나 봐'라고 착각했다. 그러나 지금 와서 뒤돌아보니, 주변 사람들이 필자의 행동을 받아 준 이유는 필자가 싸움을 잘해서가 아니라 싸워 봐야 얻을 건 없고, 잃을 것만 많았기 때문이었다.

필자는 이처럼 과거의 자신을 반면교사(反面教師)로 삼고 있다. S 씨와의 싸움에서 빨리 벗어난 것도 바로 필자의 과거 경험에서 교훈을 얻은 덕분이다.

물론 '잃을 것이 없다'는 말이 단순히 돈이 없거나 지위가 낮다는 뜻은 아니다. 잃을 것이 없는 사람들은 돈 혹은 명예, 권력,

꿈, 야망 등이 없어 자신의 인생을 불행하고 비참하다고 평가한다. 또한 미래에 대한 희망, 자신에 대한 신뢰와 자존감을 잃고 부정적인 생각에 사로잡혀 있다.

잃을 것이 없는 사람인지 구분하는 방법은 간단하다. 첫째, 그들은 세상을 삐뚤게 본다. 세상과 사람을 원망하며 '될 때로 되라' 혹은 '너 죽고 나 죽자'는 마음으로 살아간다.

둘째, 말투가 과격하며 극단적인 표현을 쓴다. '죽는다' 등의 부정적인 표현도 서슴지 않는다.

셋째, 주변에 제대로 된 사람이 없다. 끼리끼리 어울린다.

주변에 비슷한 특징이 있는 사람이 생각나는가? 혹은 자신이 바로 그 사람인가?

중국 전국 시대, 제나라 환공의 장수 관중은 이렇게 말했다. "군자에겐 잘못을 해도 괜찮지만 소인배에게는 결코 미움을 사지 마라." 관중의 이 말은 참으로 의미심장하다. 군자는 자신에게 잘못을 저질러도 원한을 품지 않지만 소인배는 반드시 보복을 하기 때문이다. 관중은 인품과 덕행이 낮은 소인배, 즉 잃을 것이 없는 사람에게 원한을 사게 되면 심각한 재앙으로 돌아온다는 사실을 알고 있었다.

관중이 죽기 전, 환공에게 역아(竪貂), 수초(竪貂), 개방(開方) 등의 간신을 멀리하라고 충언을 고했다. 관중은 그들을 잃을 것이 없으며, 따라서 언제든 배신할 수 있다고 판단했다. 실제로 그의 생각은 적중했다.

간신 역아는 요리사 출신으로, 인육(人肉)을 먹어 보지 못했다는 환공의 농담을 듣고는 자신의 어린 아들을 요리해서 바쳤다. 관중은 '자식도 소중히 여기지 않는 사람이 누구를 소중하게 여기겠냐"면서 "자식을 죽여 요리한 사람은 이보다 더 나쁜 짓을 할 수 있다"고 평가했다.

수초라는 인물은 죽을 때까지 환공을 모시겠다며 거세한 후 환관이 되어 궁궐에 들어갔다. 자기 자신을 아끼는 게 인간의 본성인데, 수초는 출세를 위해 부모가 물려 준 자신의 신체를 아끼지 않는 사람이기에 위험한 사람으로 봤다.

개방이라는 자는 원래 위나라 태자였다. 그는 조공 예물을 바치기 위해 왔다가 제나라의 부강함을 보고 그대로 눌러앉아 신하가 됐다. 이에 관중은 자신의 나라를 버린 개방을 결코 믿을 수 없는 사람이라고 평가했다.

그러나 환공은 관중의 말을 듣지 않고 수초를 재상으로 삼았다. 3년 후 세 간신은 권력 다툼을 시작했고, 환공을 궁궐 안에 감금했다. 환공은 그곳에서 결국 굶어 죽었다고 전해진다.

소인배, 즉 잃을 것 없는 사람의 더 무서운 점은 다른 사람의 사소한 실수나 잘못을 그대로 지나치는 법이 없다는 것이다. 그들은 가슴 깊이 원한을 품은 채 보복할 타이밍만 엿보다가 일단 기회가 오면 상대를 가차 없이 공격한다. 또한 이들은 타인의 도움이나 은혜를 지극히 당연한 것으로 받아들인다. 심지어 애써 자신을 도운 사람이라도 자신들의 이익에 반하는 순간이 오면 가차 없이 보복의 칼날을 들이민다.

사업을 하다 보면 다양한 사람을 만나고, 때때로 다투게 될 때도 있다. 그러나 꼭 기억하자. 잃을 것이 없는 사람은 쉽게 이길 수 있을 듯 보이지만, 맞서지 않고 피하는 편이 상책이다. 상대와 마찬가지로 잃을 것이 없는 사람이 되고 싶지 않다면 말이다.

내 안의 비관주의를 없애려면

[쇼펜하우어와 헤겔]

1800년 전후 독일에는 상반된 사고를 한 천재 철학자 두 명이 있다. 한 명은 염세주의 철학자로 유명한 아르투어 쇼펜하우어(Arthur Schopenhauer)이며, 다른 한 명은 관념론 철학을 완성시킨 형이상학자 G. W. F 헤겔(Georg Wilhelm Friedrich Hegel)이다. 염세주의의 염(厭)은 '미워하다, 싫어하다'는 뜻으로 세상과 인생을 불행하고 비참하다고 여기는 생각을 말한다.

쇼펜하우어는 "인간과 동물은 자신의 충동과 욕망을 채우기 위해 노력하지만 그것은 결코 충족될 수 없다. 왜냐하면 욕망은 채우고 또 채워도 여전히 생겨나기 때문이다. 인간은 그렇게 충족되지 않는 욕망 때문에 늘 고통을 받는다"라며 세상을 비관적으로 바라봤다. 동시에 자신을 '철학의 숨겨진 황제'라고 생각했으며 후세 사람들이 자신의 사상을 제대로 알아줄 것이라는 강한 자신감이 있었다.

그래서일까, 쇼펜하우어는 서른두 살 때 베를린대학교 강사로 채용된 뒤, 당시 시대정신이라고 불린 헤겔과 정면 대결을 시도했다. 헤겔과 같은 날, 같은 시간에 강의를 개설한 것이다. 헤겔의 강의실은 군인, 정치인 등 다양한 직업의 수강생으로 가득 찼다. 하지만 쇼펜하우어의 강의실은 자신감과 달리 텅 비어 있었다. 그는 한 학기 만에 강의를 그만둘 수밖에 없었다.

쇼펜하우어는 자신의 패배를 결코 받아들이지 않았다. 도리어 "헤겔은 허풍만 떨며 헛소리하는 정신병자에 불과하다"고 주장했다. 또한 헤겔에게 진 이유는 "자신의 등장으로 위기감을 느낀 주변 교수들의 모함과 방해 때문이다"라고 변명하며 스스로 위안했다.

톨스토이는 쇼펜하우어를 인류 역사상 최고의 천재였다고 칭송한 바 있다. 그의 철학에는 분명 배울 점이 많지만, 동시에 그를 기이한 행동과 돌출적인 언행을 한 철학자라고 회자하는 사람도 많다.

사업을 할 때든 세상을 살아갈 때든 일이 꼬이고 꼬여서 잘 풀리지 않을 때가 있다. 그럴 때 대부분은 그 원인을 자신이 아닌 외부로 돌리곤 한다. 사회가 불평등해서라든가, 돕는 사람이 없어서 그렇다든가, 정부의 정책이 잘못돼서 그렇다든가 하는 식이다.

필자 역시 사업을 시작하며, 강력한 경쟁자들과 자주 만났다. 장사와 경영 컨설팅 경험이 많았기 때문에, 필자는 쇼펜하우어처럼 경쟁에서 이길 수 있다고 늘 자신감에 차 있었다. 그러나 자주 패배한 것이 사실이다.

주변 사람들로부터 "왜 경쟁사를 이기지 못하냐?"는 질문을 받으면, 주로 "우리 회사는 자금이 부족해서 그렇다" 혹은 "경쟁사보다 사업을 늦게 시작한 탓이다"라며 변명에 여념이 없었다. 자신도 모르는 사이 쇼펜하우어가 헤겔을 대하는 방식으로 행동한 것이다.

최근에도 큰 위기가 있었다. 필자가 오랫동안 준비해 온 프로젝트가 있었다. 사활을 건 신제품 라인을 극비리에 준비했고, 비용도 많이 투자했다. 그러나 프로젝트 공개 직전, 수익 구조에 결정적인 문제가 있다는 사실을 발견했고 시작하기도 전에 모두 정리해야만 했다. 사업을 접게 만든 여러 상황이 원망스러웠고, 그러면 안 되는 걸 알면서도 심지어 아이디어를 처음 제안한 직원을 탓하기까지 했다. 비관하며 한탄할수록 행복도, 희망도 흐릿해졌다.

비관과 변명으로 일관하는 태도는 자신을 파괴할 뿐, 작은 발전의 기미도 찾을 수 없게 한다. 한순간, 이래서는 안 되겠다는 생각이 들었다. 비관적 사고를 버리고 꿈과 열정이 많았던 학창 시절을 되뇌기 위해 다녔던 고등학교, 대학교를 찾아갔다. 운동장과 캠퍼스 곳곳을 산책하면서 학창 시절 그곳에서 읽었던 책들을 떠올리고, 그때 했던 생각들을 끄집어내며 무너진 마음을 바로잡았다.

또 장사와 학업을 병행하며 고생할 때 살던 자취방도 찾았다. 도시 재개발이 이루어져 필자가 살던 집은 없어졌지만 그때 오르내리던 계단은 아직 남아 있었다. 그 계단에 앉아서 생각해 봤다.

지금의 필자는 학창 시절보다 돈, 명예, 가정 등 가진 것이 훨씬 많았다. 다만 그때 가진 꿈과 열정이 지금은 사라져 있었다. 이 사실을 깨닫는 순간 계단을 박차고 일어났다. 도시가 내려다보이는 곳에서 큰 한숨을 내뱉으며 각오했다. "그래, 다시 시작해 보자!"

이후 패배자의 열등감을 벗어 버리고사 노력했다. 그러자마자 약간의 희망이 보였다. 코로나바이러스로 인해 외식이 줄어든 상황이니 온라인 등에서 간단하게 시켜 두고두고 먹을 수 있는 아이템을 만드는 건 어떨까 하는 아이디어가 떠오른 것이다. 이 제품은 소비자들에게 생각보다 반응이 좋았고, 곧 온라인뿐 아니라 백화점, 마트, 편의점 등에서도 판매를 시작하게 됐다. 지금은 바이러스가 소강된 상황이지만, 수술 후나 회복할 때 간편하게 먹기 좋은 제품의 개발로 이어져 꾸준히 발전하고 있다.

비관적 사고를 했을 때는 변명과 열등감만이 존재했다. 이 사고는 내일을 보지 못하게 만들었다. 외부 상황을 비난하는 데 쏟던 시간을 성장 동력을 찾는 데 투자하자 희망이 생겼고, 또 다른 기회가 찾아왔다.

대가 없는 공짜는 없다

[진시황과 서복]

'희망고문'이라는 단어는 19세기 프랑스의 소설가이자 시인인 오귀스트 드 비예르 드 릴라당(Auguste de Villiers de L'Isle-Adam)의 단편소설 〈희망이라는 이름의 고문〉에서 유래됐다. 사람은 누구나 살아가면서 크고 작은 소망이 이루어지기를 바란다. 이때 안 될 것을 알면서도 될 것 같은 희망을 주며 상대를 고통스럽게 하는 것이 바로 희망고문이다.

희망고문을 당한 대표적인 인물을 꼽으라면 중국 전국 시대의 진시황일 것이다. 열세 살 때 왕위를 계승한 진시황은 6개국을 멸하고 중국 역사의 첫 번째 황제가 됐다. 그는 이토록 놀라운 업적을 이루고도 자신이 일반인들처럼 세상을 떠나야 한다는 사실을 받아들일 수 없었다.

이때 서복(徐福)이라는 사람이 찾아와 동쪽에 봉래, 방장, 영주라는 신산이 있는데, 그곳에는 영원히 죽지 않는 불로장생의 약이 있다고 고했다. 기대에 찬 진시황은 서복에게 수천 명의 소년과 소녀를 붙여 주고 바다를 건너가 신선의 약을 구해 오게 했다. 그러나 서복 일행은 동해로 떠나서 다시는 돌아오지 않았다.

지금 관점에서 보면, 진시황은 매우 어리석고 욕심이 많아 보인다. 부와 권력을 지녔으면서도 평생 살 방법이 있다고 믿은 걸 보면 말이다. 그러나 현대에도 진시황과 똑같이 희망고문을 당하는 사람이 너무나 많다.
얼마 전 일흔 살이 다 된 지인이 찾아와, 강원도 영월에 약 10만m^2(약 3만 평)의 땅이 있는데, 그곳에 힐링 센터를 건립하면 어떨지 조언을 구했다. 직접 가서 보니 땅은 들은 얘기보다 훨씬 명당이었다. 하지만 땅 전체를 개발하려면 시간이 무척이나 많이 소요될 것이고 수십억 원의 자금이 필요하리라고 예상됐다.

필자는 지인에게 "힐링 센터 사업은 분명히 의미 있지만 포기하라"고 권유했다. 며칠 후, 지인은 "다른 사람들은 다 좋다고 하는데 왜 임 대표만 안 된다고 하느냐? 실망이다!"라고 서운한 마음을 전했다. 이에 필자는 굽히지 않고 대답했다. "안 되는 것은 안 된다고 빨리 말하는 것도 중요합니다. 안 되는 줄 알면서도 제가 쓸데없는 희망을 주면 선생님은 훗날 더 고통스러울 것입니다."

사람은 태어나면 누구나 죽는다. 그 사실을 알면서도 불로초를 찾아 바치겠다고 말하는 서복이 세상에 너무 많다. 아예 안 된다고 생각할 때보다 될 것 같다고 기대하며 질질 끌다가 포기할 경우 오히려 더 상실감이 크다. 가끔은 과감하게 포기하는 용기도 필요하다.

필자 역시 희망고문을 당한 적이 있다. 유명 골프장 앞에서 식당을 하는 O사장이 어느 날, 자신의 식당을 필자가 인수해서 운영하면 어떻겠느냐고 제안했다. "30년 이상 식당을 운영해서 지겹고, 나이도 많아서 힘들다"라는 이유였다.

그는 약 462m²(약 140평)짜리 식당을 무상으로 줄 테니 월 매출에 10%만 달라고 제안했다. 그 정도 규모의 식당을 개업하려면 최소한 3억 원 이상의 자금이 들어가고, 월 매출도 안정적인 상황이라 필자로서는 거절할 이유가 없었다.

인수를 결정하고, 자금을 모아 O사장을 다시 찾아갔다. 그런데 미팅을 할 때마다 O사장의 말이 바뀌는 게 아닌가. 결국 필자는 식당 위탁 운영을 포기했다. 믿던 사람에게 희망고문을 당한 탓에 마음속에 큰 상처가 생겼다. 그러나 손해는 단순히 마음의 상처로만 끝나지 않았다. 인수 자금을 모으기 위해 각종 대출을 알아봤고, 그 과정에서 좋은 제안을 놓쳤다. 또 미팅을 준비하느라 귀중한 시간을 잔뜩 썼고, 이는 돌이킬 수 없는 일이 됐다.

그렇다면, 희망고문을 당하지 않기 위한 삶의 지혜가 있을까? 춘추 전국 시대, 책사와 지략가는 자신의 능력을 나라에 팔아 자신의 관직을 얻고 재물을 얻곤 했다. 물론 공자처럼 자신의 이상을 실현한다는 숭고한 목적을 둔 경우도 있었다. 일례로 평생 나라와 권력가에게 탁월한 계략을 제시했지만 일이 성공한 뒤에는 어떤 사례도 받지 않고 조용히 사라지는 사람이 있었으니 그가 바로 천하제일의 '사(士)' 노중련(魯仲連)이다.

노중련가 잠시 조나라에 머무르던 시기, 진나라로부터 큰 위기가 닥친 것을 보고 조나라의 평원군에게 위기를 벗어날 지혜로운 조언을 건냈다. 평원군은 노중련에게 감사의 선물로 넓은 토지와 황금을 하사하려고 했다. 그러자 노중련은 "현인은 다른 사람이 위급할 때 돕고 그 답례를 받지 않습니다"라고 단호히 거절하고 조나라를 홀연히 떠났다.

노중련의 사고를 현대의 사회적 관점으로 해석하면 '누군가에게 쓸데없이 바라고, 희망을 걸면 결국 자신만 고통당한다'는 지혜를 얻을 수 있다. 한번 황금을 받으면, 또다시 바라게 되는 게 인간이다. 다음번에도 같은 보상을 기대하게 되고, 원하는 결과가 나오지 않으면 혼자 괴로워하며 점점 자신을 파괴한다. 욕심을 부려 해서는 안 될 일을 하기도 한다.

살아가면서 희망고문을 당하지 않으려면 노중련의 태도를 떠올리며 대가 없는 공짜를 바라지 말아야 한다. 세상에 공짜는 없다. 공짜를 바라는 순간, 우리는 희망이라는 고문에서 벗어날 수 없을 것이다.

위기를 극복하는 생각 전환법

[포에니 전쟁]

고대 역사상 가장 위대했던 국가를 말한다면 당연 로마일 것이다. 로마는 기원전 753년 이탈리아반도 중앙에 위치한 테베레강가의 작은 도시국가로 시작해 주변 지역을 점령해 나갔고, 이탈리아반도 전체를 장악했다.

로마는 이어서 지중해로 진출했다. 당시 지중해 해상무역으로 돈을 엄청나게 벌던 세계 최고의 경제국가, 현재의 튀니지 영역에 위치한 카르타고와 대립하게 된 것은 숙명이었다. 이때 두 나라가 지중해를 장악하기 위해 120년간 세 번에 걸쳐 벌인 전쟁을 포에니 전쟁이라고 부른다.

1차 포에니 전쟁은 이탈리아 남부 지중해의 시칠리아섬을 두고 벌인 전쟁이다. 시칠리아섬은 지중해의 정중앙에 있어 유럽과 북아프리카를 장악하려면 반드시 손에 넣어야 할 영토였다. 시칠리아섬의 서쪽을 장악한 카르타고가 동쪽까지 장악하는 것을 막아야 했던 로마는 1차 포에니 전쟁을 일으켰다.

당시 로마는 육군 최고의 군사력을 지녔고, 카르타고는 해상 최고의 강국이었다. 카르타고는 해전 경험이 많을 뿐 아니라 전함도 강력했다. 이에 반해 로마의 해군력은 보잘것없었다. 하지만 승리자는 '코르부스(Corvus)'를 착안했던 로마였다.

코르부스란, 아군의 배에서 적군의 함선에 올라탈 수 있게 만든 사다리 형태의 장치이다. 백병전에 능했던 로마는 어떻게든 카르타고의 함선에 오른다면 승리할 수 있다는 자신감이 있었다. 결국 가장 큰 약점을 극복하고 강점을 부각시킨 로마는 23년간 이어진 1차 포에니 전쟁에서 승리했다.

1차 포에니 전쟁에서 패한 카르타고는 절치부심(切齒腐心)해 스페인에 식민지를 건설하고 육군을 키웠다. 1차 포에니 전쟁에서 패한 하밀카르 바르카(Hamilcar Barca)의 아들 한니발(Hannibal Barca)은 복수를 위해 2차 포에니 전쟁을 일으킨다. 한니발은 혹독한 겨울 눈보라를 뚫고, 험난하기로 유명한 피레네산맥과 알프스산맥을 넘어갔다. 전면전에 익숙했던 로마군은 한니발 장군의 기습 공격을 전혀 예상할 수 없었고, 당황하며 패하는 것은 당연했다.

물론 로마에도 지략가가 있었으니 바로 스키피오(Scipio Africanus)

이다. 그는 적국의 장수 한니발에게 패하면서 많은 것을 배웠다. 전투의 마지막 순간에, 스키피오는 한니발 장군과 맞대응해서 싸우는 대신 지중해를 건너 한니발의 본토를 공격했다. 다급해진 한니발의 군대는 본국으로 돌아갈 수밖에 없었다. 한니발과 스키피오는 북아프리카 자마평원에서 최후의 전쟁을 치렀고, 패한 한니발은 도망자 신세로 전락하며 마무리됐다.

고대 최대의 전쟁이었던 포에니 전쟁은 오늘날 기업을 이끌어가는 경영자에게 위기 상황에서의 생각의 전환이 얼마나 필요한지를 강하게 시사한다.

1980년대 후반, 러닝화 시장에서 경쟁력을 잃고 있던 나이키는 새로운 전략을 도입했다. '저스트 두 잇(Just do it, 아무 생각 없이 일단 하자)'이라는 슬로건을 만들고 유명 스포츠 스타들을 모델로 삼아 소비자의 감성을 강하게 자극한 것이다. 단순한 러닝 신발을 팔던 이 기업은 과감한 발상의 전환을 통해 스포츠용품과 의류를 브랜드화시키고, 세계 시장을 장악하게 되었다

애플 또한 1990년대 초반에는 마이크로소프트와의 경쟁에서 밀리고 있었다. 그러나 애플은 아이맥, 아이팟, 아이튠즈, 아이폰, 아이패드 등 혁신적인 제품과 서비스를 출시하며 컴퓨터 회사에서 디지털 라이프 스타일 회사로 변신했다. 기능만을 강조하던 PC 시장에 창의성과 디자인을 강조하는 고급 브랜드로 차

별화 방향을 잡아 경쟁력을 확보한 것이다.

넷플릭스는 2000년대 초반 DVD 대여 서비스를 제공하는 회사였다. 그러나 PC의 보급이 늘어남에 따라 DVD 시장은 사양화됐고, 고민 끝에 스트리밍이라는 새로운 기술을 활용해 온라인으로 영화와 TV 쇼를 제공하기 시작했다. 이후에는 자신들이 독점하는 자체 프로그램을 만들고 새로운 기술을 도입해 엔터테인먼트 산업의 리더로 성장하게 됐다.

모든 사업은 주기적으로 위기에 봉착하기 마련이다. 항상 경쟁업체가 존재하며, 시장 상황이 계속 바뀌기 때문이다. 승자와 패자가 분명한 '제로섬 게임'이라는 특성상, 계속 앞으로 달리지 않으면 쓰러지는 자전거처럼, 사업이 정체하는 순간 경쟁 업체는 치고 올라온다. 현상 유지로 근근이 버티는 사업체는 결국에는 폐업이라는 선택에 몰릴 수밖에 없다.

위기가 기회라는 말이 있다. 포에니 전쟁의 한니발과 스키피오처럼 절박한 위기 상황이 닥치면 현재에 머무르는 대신 발상의 전환이 필요하다. 위기는 곧, 무언가 새롭게 시작하라는 신호이다. 오히려 획기적인 도약의 계기가 될 수도 있다.

사업은 단거리 경주가 아닌 장거리 마라톤이다. 때때로 방향과 속도를 전환하자. 지속적으로 도전하는 사업가에게는 항상 기회가 생긴다. 막히면 돌아가거나 부수고 나가면 된다. 어려울 때일수록 새로운 시도를 해 보라는 신호로 받아들이면 분명히 돌파구를 모색할 수 있다.

문을 열면
세상이 보인다

중국의 만리장성과 로마의 길]

만리장성은 기원전 408년, 위나라가 진나라의 침입을 막기 위해 축조하기 시작했다. 그리고 기원전 222년, 진시황은 흉노족과 유목민족의 침입을 방어하고, 중국을 하나의 국가로 효율적으로 지배하기 위해 이미 존재하는 여러 성을 보수하고 서로 연결하며 하나의 긴 장성으로 쌓아 나갔다. '만리장성은 하루아침에 쌓인 것이 아니다'라는 말처럼 만리장성은 단순히 한 사람, 한 왕조에 의해 세워진 것이 아니다. 시대에 따라 건축 기법과 건축 자재가 바뀌었다는 것이 그 사실을 증명한다. 이후 수나라, 당나라를 거쳐 명나라까지 1000년 동안 만리장성은 보수되고 증축됐다. 현재까지 남아 있는 부분은 허베이성 산해관부터 간쑤성 가욕관에 이르는 길이로, 약 6,000km에 달한다고 한다.

비슷한 시기에 서양에는 또 다른 강력한 국가가 있었으니 바로 로마 제국이다. 진시황보다는 다소 늦은 기원전 31년, 가이우스 율리우스 카이사르 옥타비아누스(Gaius Julius Caesar Octavianus)는 악티움 해전에서 강력한 라이벌이었던 마르쿠스 안토니우스(Marcus Antonius), 이집트의 클레오파트라(Cleopatra VII Philopator) 연합군과 싸워서 승리자가 됐다. 옥타비아누스는 '존엄자'라는 뜻의 아우구스투스라는 황제의 칭호로 불렸다.

이 시기부터 로마에는 거주자가 늘고 목욕탕과 극장 등이 생기면서 점점 더 큰 도시로 발전하게 된다. 더 많은 사람을 로마로 이주시키고자 그는 정책적으로 길을 만들고 정비하기 시작했다. 로마는 문화가 점점 발전하며 그로부터 100년도 안 되어 유럽, 아시아, 아프리카에 이르는 최대의 영토를 확보했고, 최고의 전성기인 팍스 로마 시대를 열게 됐다.

국가의 평화를 유지하는 방법으로 진나라는 외부의 적을 막기 위해 견고한 성을 쌓았고, 반대로 로마는 문을 열고 길을 만들어 도시를 발전시켰다. 물론 역사는 결과로 말하기에 어폐일지도 모르지만, 우리는 진나라와 로마의 국가 정책에서 교훈을 얻어 기업과 경영의 미래를 계획할 필요가 있다.

필자는 과거에 서대문에 위치한 동태찜 전문점을 컨설팅한 적이 있다. L사장은 자신이 만든 소스에 대한 자부심이 대단했다. 누구도 자신의 맛을 따라올 수 없고, 자신이 만든 소스로 프랜차이즈를 창업하면 대박이 날 것이라며 필자에게 컨설팅을 의뢰했다.

프랜차이즈 가맹 사업을 하려면 지점마다 맛이 균일해야 하기 때문에, 재료를 대량으로 생산할 필요가 있다. 따라서 소스 제조 공장을 만들거나 주문자 생산 방식인 OEM(Original Equipment Manufactunng)을 권유했다. 하지만 L사장은 자신의 소스 제조 기법이 밖으로 새어 나가는 게 싫다는 이유로, 자신의 식당 뒤편 창고에서 소스를 직접 만들고 공급했다.

반면 같은 업종의 K대표는 소규모 소스 제조 공장을 만드는 등 균일한 맛을 공유하는 가맹점을 모집하면서 시스템을 만들었다. 가맹점이 늘어나자 독립된 공장을 운영하기까지 했다. 결과는 어땠을까? 상대적으로 평범한 맛이었던 K대표의 식당은 현재 한국 최고의 동태찜 프랜차이즈가 됐다.

고객들에게 각광받는 음식점들은 각각 자신만의 특별한 노하우가 있다고 자랑한다. 하지만 요리 연구가나 요리 전문 기업은 마음만 먹으면 맛만 보고도 소스를 거의 비슷하게 만들어 낼 수 있다.

이방족을 막고자 성을 쌓았던 진나라처럼 자신의 조리 비법이

외부로 노출되는 것을 우려해서 소극적으로 대처했던 L사장은 사업을 오랫동안 지속하지 못했다. 하지만 국가의 문을 활짝 열고 길을 내 더 많은 사람과 문화를 포용한 로마처럼 더 많은 가맹점과 함께하기 위해 시스템을 만든 K대표의 사업은 계속 번성했다.

1886년 설립된 코카콜라는 2012년까지 인터브랜드 가치 순위 1위를 차지했다. 하지만 2020년 전후부터는 IT기업들에 브랜드 가치가 밀리고 있다. 코카콜라는 현재도 매일 200여 국가에서 200억 잔씩 팔리고 있다. 하지만 여전히 제조 기법의 비밀이 사업의 무기인 이상 성장에는 한계가 있을 것이다. 이에 반해 구글이나 마이크로소프트는 기업의 문을 열고 정보를 펴 주고 있으므로, 점점 더 고객이 몰려들고 브랜드 가치는 상승할 것이다.

이런 현상에서 우리는 큰 교훈을 얻을 수 있다. 미래 사업은 자신만 가지려 은폐하기보다는 잠재고객이 쉽게 접하고 다가올 수 있도록 소통하는 것이 더 중요하다. 지금과 같은 과잉 경쟁 체제에서, 부는 자본 중심의 기업, 인지도 중심의 브랜드로 편중될 것이다. 시장을 독점하고 있는 기업은 더 견고하게 자리를 지킬 것이다. 영세한 소규모 사업체들은 연명하기 힘들 것이니 더더욱 준비가 필요하다.

바로 지금부터 고객이 마음 놓고 다가올 수 있는 분위기를 만들어야 한다. 기업이 문을 열고 길을 만들면 생존할 것이고 그렇지 못하면 소멸할 것이다. 진나라가 될 것인가, 로마가 될 것인가!

인생은 좋을 때도 있고 나쁠 때도 있다

[말 키우는 노인]

옛날 중국 변방 마을에 수십 필의 명마를 키우는, 재산이 많은 노인이 있었다. 그런데 어느 날, 키우던 말 중에 가장 애지중지하던 수말 한 마리가 집을 나갔다.

이 사실은 금방 일대 마을에 소문으로 퍼졌다. 평소 노인이 도망간 말을 얼마나 소중하게 생각했는지 아는 마을 사람들이 안타까워하며 찾아와 그를 위로했다. 그러나 노인은 태연하게 위로하러 온 사람들을 도리어 달래며 말했다. "잃는 것이 있으면 얻는 것도 있겠죠."

그리고 며칠 후 도망갔던 수말이 보기에도 빼어난 암말 한 마리를 데리고 돌아왔다. 이번에는 마을 사람들이 "소중한 말을 완전히 잃어버린 줄 알았는데 저런 명마를 데리고 돌아왔으니 얼마나 기쁘시겠습니까!"라고 기뻐했다.

그러자 노인은 "좋은 일이 있으면 나쁜 일도 있는 법이죠. 그러니 마냥 좋아할 일은 아니네요"라고 답했다. 얼마 후, 노인의 아들이 그 암말을 타다가 떨어져서 다리를 크게 다쳤다. 귀하게 키우던 아들이 다리를 못 쓰게 되자 온 집안 식구가 가슴 아파했다. 하지만 노인은 크게 슬퍼하는 기색 없이 "아들이 다리를 못 쓰게 된 것이 꼭 불행만은 아닐 거야!"라면서 태연한 모습을 보였다.

몇 년 후, 나라에 큰 전쟁이 벌어져서 마을 젊은 장정들이 군대에 징집됐다. 하지만 노인의 아들은 한쪽 다리를 쓸 수 없으므로 전쟁터에 나가지 않아도 됐다.

이 이야기는 우리가 잘 알고 있는 새옹지마(塞翁之馬)라는 고사성어의 유래이다. 노인의 말 한 마리로 인해서 화가 오기도 하고 복이 오기도 한 것처럼, 변화무쌍한 사람의 일생을 이야기할 때 자주 쓰는 표현이다.

경영자의 삶을 살아가는 사람에게는 이익이 올 때도, 손실이 올 때도 않다. 사업을 잘하는 경영자는 이익이 생겼을 때 경망스럽게 웃지 않고, 손실이 있을 때 놀라 울지 않는다. 좋은 일이든 나쁜 일이든 마주했을 때 침착함을 잃지 않는다. 그래야만 위기를 잘 극복할 수 있고, 복이 왔을 때 화가 되지 않는다.

필자가 처음 현재의 공장을 매입했을 때, 현장 조사를 꼼꼼하게 하지 못해 부지의 한쪽으로 고압선이 지나간다는 사실을 몰랐다. 땅 일부를 쓰지 못했으므로 몇 년 동안 잘못 샀다고 속상해하며 공장을 다시 판매할지 고민했다. 그런데 몇 년 후 공장 앞 도로가 4차선으로 확장공사를 하고 인근에 지하철역이 생기면서 땅값이 많이 상승한 게 아닌가.

얼마 후 프랜차이즈 가맹법이 강화되면서 '프랜차이즈 차액 공개제'라는 법이 생겼다. 자신의 소유가 아닌 공장에서 OEM으로 생산하는 물품은 원가를 공개해야 하는 법이다. 원가를 공개하면 생산 제품의 조리법도 외부에 공개될 수밖에 없었다. 그러나 다행히 필자의 회사는 공장을 유지하며 제품을 직접 생산했으므로 원가를 공개하지 않아도 됐다. 일련의 사건을 겪으면서, 경영자가 일희일비하지 않으면서 침착함을 유지하는 것이 얼마나 중요한지를 알게 됐다.

사업가에게는 크고 작은 위기가 무수히 다가온다. 사업가는 언제나 창업 이후 최고의 위기 상황에 처해 있다. 매출은 줄고, 경쟁사와의 격차는 더 크게 벌어지며, 직원들은 생각한 만큼 능력을 발휘하지 못하고, 새롭게 추진하는 사업마다 어려움에 봉착한다. 필자 역시 이런 일들을 여전히 겪고 있지만 예전처럼 바둥바둥거리지는 않는다.

말 키우는 노인에게서 배운 지혜를 적용한다면 지금 슬퍼하거나 울 필요가 없다. 곧 좋은 일이 생길 것이기 때문이다. 좋은 일과 나쁜 일은 항상 혼자가 아니라 짝으로 다닌다. 필자뿐 아니라, 어려움을 겪고 있는 사람 모두에게 해당하는 말이다.

진짜 중요한 일에 시간과 역량을 투자하고 있는가

[노자의 무위 사상]

'어떻게 하면 실적을 낼 수 있을까'는 모든 경영자의 숙제이다. 필자의 회사 역시 늘 바쁘게 돌아가는데, 기대한 만큼 실적이 나오지 않을 때가 많다. 필자도 근면성실에 있어선 둘째가라면 서러운 사람이다. 보통 사람들보다 수면 시간과 휴식 시간도 짧고, 술을 마시거나 놀러 다니는 시간도 없이 매일 바쁘게 산다. 그런데 왜 업무 효율이 항상 낮다고 느껴질까?

필자는 어려서부터 "참 재능이 많다"라는 얘기를 들으면서 살았다. 부모님을 도와 농사일도 잘했고, 소, 돼지 닭 등 가축도 잘 키웠기에 주변에서는 농사일이 천성이라고 했다. 학창 시절에는 각종 운동 대회에 출전해서 상도 많이 탔다. 웅변대회, 백일장, 미술 대회에서도 1등은 언제나 필자의 몫이었다. 사업을 하면서 대학교 겸임교수와 영화배우 활동까지 했다.

지난 3년간은 경기도 광주에 사옥을 짓고, 평생 살 집을 짓느라 더욱 바빴다. 필자는 매일 밤마다 건축 평면도를 그리고 인터넷에 건축 자재를 검색했다. 스스로 챙기지 않으면 처음에 목표했던 건물을 짓지 못할까 봐 걱정된 탓이었다. 새집의 정원을 직접 조성하고 정자를 짓기도 했다.

가까운 친구들은 "재주가 많아서 좋겠다"며 "전문가에게 맡기면 되지 뭔 고생을 사서 하느냐!"고 격려 반, 핀잔 반 섞인 말을 했다. 그야말로 눈코 뜰 새 없이 바쁘게 지내며, '열심히 일하면 뭐든지 이룰 수 있다'는 착각 속에 살았다. 그도 그럴 것이 어린 시절의 가난을 극복할 수 있었던 건 계속 몸을 움직이며 열심히 살았기 때문이라는 믿음이 있었기 때문이다. 바쁘게 사는 삶을 미덕으로 여긴 것이다.

그러던 어느 날, 가깝게 지내는 선배가 사옥과 집을 오가며 직접 노동하는 필자를 보고 말했다. "어찌 소 잡는 칼로 닭을 잡아? 자네가 기업가라면 사업을 잘하는 것이 중요하지, 사소한 일을 하면 안 되네."

전국 시대의 철학가 노자의 《도덕경(道德經)》 제48장에는 '학문을 하는 길은 날로 더해 가는 것이나 도를 깨달아 가는 길은 날로 덜어내는 것'이라는 내용이 있다. 덜어내고 또 덜어내면 무위(無爲)에 이르니, '무위'하면 하지 못함이 없다는 뜻이다.

노자는 삶에서 필요 없는 찌꺼기를 걷어 내는 과정을 도라고 본 것이다. 꼭 해야 할 일처럼 느껴지지만 사실은 필요 없는 일을 덜 때 무위의 경지에 이를 수 있다고 그는 가르친다. 무위란, 아무런 일도 하지 않고 멍하니 있는 것이 아니다. 꼭 필요하지 않은 일을 없애면 새로운 일이 저절로 생겨난다. 버려야만 빈 공간이 생기고, 빈 공간이 있어야 가치 있는 것들로 채울 수 있다.

사업을 하다 보면 신경 써야 할 것이 한두 가지가 아니고, 예상하지 못한 문제들이 터져 나오기도 한다. 그런데도 가능한 한 신경 쓰지 않고 내려놓는 것이 맞는 걸까?

이때 필요한 개념이 바로 '에센셜리즘(Essentialism)'이다. 스탠퍼드대학교에서 MBA 학위를 취득했으며 2012년 세계경제포럼 선정 젊은 글로벌 리더로 꼽히기도 한 그랙 맥커운(Greg McKeown)은 저서 《에센셜리즘》을 통해 우리가 꼭 해야 하는 일과 과감하게 그만둬야 하는 일을 나눈다.

에센셜리스트란, 우리 삶에서 발생하는 모든 일 중에서 중요한 일을 선별하고 그것에 역량을 집중하는 사람을 말한다. 성공한 에센셜리스트가 되려면 정말로 중요한 소수의 것을 가려내고 그것에 생존을 걸어야 한다. 이런 측면에서 볼 때, 필자는 사소한 일까지 모두 신경 쓰다 못해 정작 필요 없는 일에 역점을 두고 산 '비에센셜리스트'였던 것이다.

경영자로서 성공하고자 한다면, 중요한 일과 사소한 일을 구분해야 한다. 모든 것을 다 할 수는 없다. 중요한 일과 중요하지 않은 일을 선별하지 않으면, 진짜 중요한 일은 뒤로하고 당장 재미있거나 급한 일에 끌려가며 살 수밖에 없었다. 필자는 그동안 무엇이든 의미를 부여하고 집착하며 살았다. 그러다 보니 항상 일이 많았고 바쁜데도 실적이 없어 지치곤 했다.

실소를 금치 못할 사례가 있다. 몇 해 전, 필자가 식품공장을 리모델링할 때 일이다. 공사가 마무리될 무렵, 물청소를 하고 있는데 법무팀 담당자가 와서 계약서를 검토해 달라고 요청했다. 필자의 옷과 손에는 물이 묻어 있었고, 저녁 약속 시간 전에 하던 일을 끝내고 싶단 마음이 앞섰다. 그래서 계약서를 거들떠보지도 않고 담당자에게 "알아서 검토하고 계약하세요!"라고 했다.

그 계약서에는 대표이사만 확인할 수 있는 잘못된 내용이 있었고, 결국 필자는 그다지 중요하지도 않은 일을 하느라 훗날 많은 손실을 봤다. 대표이사가 직접 공장 청소를 하고 있으니 누군가는 근면성실하고 겸손하다고 칭찬했겠지만, 경영자로서는 치명적인 실수를 한 것이다.

경영자가 실적을 올리고 효율적인 업무를 계속 추진하기 위해서는 비움의 철학인 '무위'와 가치 있는 일에 집중하는 '에센셜리즘'이 반드시 필요하다. 성공하고 싶다면 중요도가 낮은 일, 자신이 꼭 하지 않아도 되는 일을 과감히 선별하고 비우는 자세가 필요하다.

때로는 상황에 몸을 맡겨라

[어머니의 밥]

필자가 어렸을 적 일이다. 밖에 나가서 놀다가 몹시 배가 고파져 집으로 돌아갔는데, 밥이 없었다. 어머니는 "잠깐 기다려. 금방 밥 해 줄게"라고 말하곤 부엌에 들어가 쌀을 씻고, 가마솥에 밥을 안쳤다.

밥을 빨리 먹고 싶었던 필자는 아궁이에 땔감을 가득 넣고, 무쇠솥 뚜껑을 때리면서 계속 부엌에 서 있었다. 어머니는 이런 필자의 모습을 보며 말했다. "때가 돼야 밥이 익지. 아무리 땔감을 많이 넣어도 밥은 타기만 하지 빨리 되는 건 아니야!" 이어서 밥에 비유해 세상 사는 지혜를 알려 주셨다. "때가 되면 밥이 익듯이 모든 일에는 다 때가 있는 법이란다. 좋은 일이든 나쁜 일이든, 때가 되면 다 찾아오지. 거부한다고 올 것이 안 오고, 안 올 것이 오는 것도 아니란다."

필자는 2022년, 20년간 지낸 서울 사무실을 정리하고 경기도 곤지암으로 이전했다. 사업에 변화를 주고, 넓은 부지에서 더 나은 사업 기회를 잡기 위한 과감한 선택이었지만, 사업장이 바뀌며 80% 이상의 직원이 퇴사를 선택했다.

회사는 예상보다 훨씬 큰 혼란에 빠졌다. 교통편이 적은 시골이다 보니 구인이 쉽지 않았고, 그사이 기존 직원들의 퇴사 날짜는 다가왔다. 당연히 제대로 된 인수인계도 이뤄지지 않았다. 상황이 상황이다 보니 이력서만 들어오면 형식적인 면접을 보고 무조건 채용하는 수순이었다. 급하게 뽑은 직원들은 회사와 결이 맞지 않거나 능력과 경험이 한창 부족해 기본적인 업무 처리도 힘들어했다. 결국 며칠 만에 그만두는 사람이 속출했다.

업무가 원활하게 돌아가지 않아 하루에도 몇 건씩 가맹점에서 항의 전화가 왔고, 회사 업무가 마비되는 지경이었다. 경험도 없는 신입 직원들이 문제를 해결하기에는 역부족이었다.

혼란의 최고봉은 믿었던 마케팅 담당자와 가맹점 관리팀 직원이 중간관리자에게 불만을 품고는, 컴퓨터에 있는 자료를 모두 삭제하고 퇴사한 것이었다. 그로 인해 새로 온 직원도 정상적인 업무를 하지 못하는 큰 어려움을 겪었다. 어느 순간부터 "미치겠네"라는 말을 입버릇처럼 떠들기 시작했다.

그러던 어느 날, 제법 큰 규모의 사업을 하는 친구를 만났다. 힘들어하는 필자에게 친구는 "힘든 일에서 벗어나려고 할수록 마음만 아프고 일은 꼬여 가는 거야"라고 말하며 유튜브에서 비틀스(The Beatles)의 열두 번째 앨범에 수록된 노래 'Let it be'를 들려줬다.

폴 매카트니(Paul McCartney)가 동료들과의 마찰로 마음이 복잡할 때, 돌아가신 어머니 메리가 꿈속에 나타나 "다 잘될 것이니 걱정하지 말고 순리대로 맡겨라"라고 말했다. 큰 위안을 얻은 그는 이 내용을 노래로 만들었다. 가사 중 참으로 와닿은 구절이 있다. 해석해 보면 다음과 같다. "내가 곤경에 처해 있을 때, 내가 암흑의 시간에 있을 때 그리고 마음에 상처를 입은 사람들이 세상에서 함께 살아갈 때 순리대로 맡겨라. 순리대로 맡겨라."

친구와 헤어지고 집에 돌아오는 길, 자동차 안에서 이 노래를 반복해서 들으며 가사를 음미했다. 그리고 가사대로 위기를 순응하는 자세로 극복하겠다고 마음먹었다. 물론 쉽지만은 않았다. 나쁜 일이 생길 때마다 불쑥 짜증이 나고 걱정이 됐다. 하지만 예전과 확연히 다른 여유와 침착함이 생겼다.

마음의 평정을 찾으려고 노력하니, 어느 순간 인성과 능력이 좋은 직원들을 만날 수 있었다. 인재들이 들어오자 회사 분위기가 몰라보게 좋아졌다. 다른 문제들도 상당 부분 수습됐다. 이제는

"언제 그런 시절이 있었나!" 할 만큼 분위기 좋은 회사로 탈바꿈했고, 하루하루 기쁘게 출근하고 있다.

사업가의 삶은 고단한 여행과 마찬가지다. 사건과 사고는 어쩌면 사업가와 함께 가야 할 운명인지도 모른다. 나쁘고 힘든 일이 밀려온다고 너무 걱정하고 비관할 필요는 없다. 좋은 일이든 나쁜 일이든, 때로는 그대로 받아들일 때 우리는 더 행복해지고 성장할 수 있다. 거부하는 순간 인생이 더욱 꼬이기도 한다. 넉넉한 여유로움을 가지고, 순리에 순응하다 보면 반드시 좋은 날, 좋은 일이 찾아올 것이다.

4장

마케팅의 자리

노력보다 방법이 중요하다

[토끼와 거북이]

창업 컨설턴트로 오랫동안 일한 필자는 그동안 많은 예비 창업자를 만났다. 그들에게 "어떻게 하면 창업을 성공할 수 있을까요?"라고 물으면, 대부분은 "열심히 하면 되겠죠"라고 대답한다. 안타깝게도 우리 주변에는 성실하게 사업에 몰입하지만, 번번이 실패하는 경영자가 많다.

주변에 열심히 하기로는 둘째가라면 서러울 정도로, 매우 근면성실한 친구가 있다. 그런데 얼마 전 그가 두 번째 발가락 절단 수술을 했다. 친구는 식당을 운영했는데, 물을 많이 사용하는 환경이라 신발 안으로 물이 들어가서 매일 발이 불어 있었다. 균이 발가락 사이 상처로 들어갔는데, 바로바로 발을 말릴 수도 없어서 상처가 커졌고 결국 발가락을 절단해야 했다고 한다. 열심히 일한 것뿐인데, 친구는 영구적인 장애를 입었을 뿐 아니라 당분간 일할 수도 없어 생계가 힘들어졌다. 친구는 "임 대표! 나는 정말 열심히 일했는데 이룬 것도 없이 실패만 하고 있어"라고 말하며 눈물까지 흘렸다.

반대로 열심히 하지 않았음에도 성공하는 창업자들도 보게 된다. '열심히'보다 중요한 성공 노하우가 있다는 사실을 반증하는 것이다. 우리 모두가 아는 '토끼와 거북이' 이야기를 살펴보자.

어느 숲에 토끼와 거북이가 살고 있었다. 토끼는 빨랐고, 거북이는 느렸다. 어느 날, 토끼가 "어휴 느림보, 그렇게 느려서 어떻게 사니?"라며 거북이를 놀리기 시작했다. 자극받은 거북이는 토끼에게 "그럼 나랑 경주해 볼래?" 하고 제안했다.

달리기 경주에서는 역시나 토끼가 처음부터 월등하게 앞서 나갔다. 중간 지점까지 크게 앞선 토끼는 안심한 채 낮잠을 자기 시작했다. 거북이는 포기하지 않고 꾸준히 달렸고, 결국 잠에 깊이 빠진 토끼를 제쳤다. 뒤늦게 낮잠에서 깬 토끼가 빠르게 골인 지점을 향해 달려갔지만, 결국 거북이가 승리했다.

이 이야기는 꾸준히 노력해야 한다는 교훈을 전한다. 그러나 현실의 거북이는 아무리 열심히 노력해도 결코 토끼를 이길 수 없다. 백번 천번 싸워도 거북이는 토끼를 이길 수 없다면 너무 억울하지 않은가. 그렇다면 거북이가 토끼와의 경주에서 이기는 법은 아예 없을까?

한 가지 방법이 있다. 그것은 경주장을 토끼에게 유리한 초원이 아닌 거북이에게 유리한 바다로 바꾸는 것이다. 만약 토끼와 거북이가 물속에서 경기한다면 백전백승 거북이의 승리가 될 것이다.

창업이라는 생태계에서 강한 존재가 되기 위해서는 '무조건 열심히'보다는 '싸워서 이기는 방법'을 생각해야 한다. 그것이 바로 '효율'이다. 문제를 규정하는 방법에 따라 답도 달라지는 법이다.

사업은 잘못된 방법으로는 결코 성공할 수 없다. 잘못된 방법으로는 문제를 계속 풀어도 잘못된 답이 나올 뿐이다. '거북이는 초원에서 토끼를 이길 수 없다'는 진리처럼 말이다. 따라서 성공하고 싶은 사람이라면 노력보다 방법이 중요하다. 모든 성공에는 방법이 있다. 그 방법을 사마천(司馬遷)이 말한 사로(思路), 즉 '생각의 길'에서 찾아보자.

중국 전한 시대의 역사가 사마천은 "배우기를 좋아하되 깊이 생각해야 마음으로 그 뜻을 알게 된다"며 '길이 있는 생각'의 중요성을 강조했다. 즉, 생각의 길이 달라지면 자신이 달라지고,

자신이 달라지면 세상이 달리 보인다. 그리고 세상의 길이 달리 보이면, 더 나아가 인생의 길이 달라질 수 있다는 뜻이다.

코로나바이러스 창궐 이전, 필자의 회사를 포함한 외식 업체는 오프라인 매장에 고객을 유치하는 데 가장 큰 힘을 쏟았다. 그러나 코로나바이러스로 인해 외식하는 손님이 줄었고, 가정에서 음식을 배달받아 간단하게 조리하는 경우가 많아졌다. 매출이 급감하고 어려운 상황이 이어졌다. 상황을 타개하고자 우리 회사는 과감하게 홀 판매를 포기하고 배달을 강화하기 시작했다.

그러자 종업원 인건비가 줄었고, 고객을 응대할 시간에 SNS 마케팅에 집중할 수 있었다. 설거지 등 주방 일도 자연히 감소했다. 위기를 극복하고자 생각을 달리하자 오히려 더 나은 경주장이 눈에 보였고, 매출도 점차 회복됐다. '음식점은 매장 운영이 제일 중요하지'라며 계속 오프라인 매장 판매에만 집중했다면 가능하지 않았을 일이다. 코로나바이러스가 종식된 요즘, 필자는 또 다른 경주장을 찾고 있다.

사로(思路)가 있어야 출로(出路)도 있다. 나의 마음 자세가 바르게 서야 사물의 문제를 올바르게 규정할 수 있고, 그에 대한 해답도 찾아낼 수 있다. '지금 나는 최선을 다하고 있다'는 편견과 오만이 가득한 마음으로는 그 어떤 문제도 제대로 풀 수 없다.

기업. 그리고 경영자가 사느냐 죽느냐는 이제 일하는 절대적인 시간에 달린 것이 아니다. 오히려 바쁜 일손을 멈추고, 생각하는 시간을 통해 문제 상황을 뒤집는 방법을 찾을 수 있느냐에 달렸다.

미래를 바꾸는 결정의 순간

[정화의 남해 원정단]

필자는 동양 역사에서 가장 안타까운 대목으로 명나라의 정화(鄭和) 장군이 이끈 남해 원정단을 꼽는다. 정화는 명나라 초기의 군인이자 탐험가이다. 명나라 3대 황제 영락제가 조직한 남해 원정 함대의 총사령관을 맡게 된 그는 1405년부터 대선단을 이끌고 일곱 차례에 걸쳐 남해 원정에 나섰다. 그의 원정단은 동남아시아, 인도를 거쳐 아라비아반도, 아프리카까지 항해했다. 그는 크리스토퍼 콜럼버스(Christopher Columbus), 바스쿠 다가마(Vasco da Gama), 페르디난드 마젤란(Ferdinand Magellan) 등과 함께 15세기 대항해 시대의 시발점이자 주역이라고 할 수 있다.

정화가 이끈 남해 원정단과 유럽 탐험가들의 항해 규모를 비교해 보면 놀랍다. 남해 원정단의 선박은 길이 150m, 폭 62m로 오늘날 8,000t급 대형 군함에 해당한다. 함선 수 역시 60~200척이었다. 반면 에스파냐에서 지원을 받은 콜럼버스 1차 원정단의 함선은 길이 27m, 폭 9m 정도였으며, 총 함선의 수는 세 척에 불과했다. 세 척을 다 합해도 400t 정도였으니 정화의 함선과 비교 자체가 안 됐다. 희망봉을 돌아 인도의 캘리컷에 도착했던 바스쿠의 함선은 네 척이었고, 지구를 한 바퀴 돈 마젤란의 함선은 다섯 척으로 역시 비교 대상이 되지 않는다.

유럽의 탐험가보다 100년이나 앞서 대규모 함대를 이끌고 광활한 지역을 항해했음에도, 명나라는 영락제의 사망 이후 민간 교역, 특히 해상 무역을 철저히 통제하는 해금 정책을 펼쳤다. 대항해 시대의 주도권은 유럽에 넘어갔다.

만약 명나라가 해금 정책이 아니라 해상 교역을 확대했다면 세계 패권을 유럽이 주도하지 못했을지도 모른다. 여러 가지 복잡한 이유가 있겠지만, 명나라의 해금 정책은 결과적으로 훗날 아시아는 물론 전 세계가 유럽의 영향권으로 들어가게 된 원인 중 하나로 꼽히게 된다.

한 나라의 국가 정책의 선택이 인류의 역사를 바꾸어 놓았듯, 경영자의 결정은 기업의 미래를 좌우한다. 필자는 앞서 말했듯 20여 년 전, 2,000만 원의 창업 자금으로 죽 전문 프랜차이즈 사업을 시작했다. 그리고 약 1년 만에 46호점을 돌파하는 성과를 냈다. 이와 같은 성공에는 여러 이유가 작용했지만, 경영자인 필자의 시기적절한 판단력도 큰 영향을 미쳤다고 생각한다.

창업 컨설턴트로 일하던 필자는 음식 업계에서 다음으로 주목할 만한 키워드가 '레저성'이라고 예측했다. 레저성이란, 음식에 건강. 여유, 여가, 가치를 담는다는 뜻이다. 가난하고 힘들었던 시기에는 싸고 양 많은 외식 업체를 선호했지만, 먹고 살 만한 시대가 되었으니 한 끼를 먹어도 건강을 염두에 두리라 예상했다. 이런 생각은 정확하게 맞아떨어져서, 자신에게 하는 투자를 아끼지 않는 웰빙 문화가 대두됐고, 건강한 음식을 표방하는 죽 전문점은 고객들로부터 엄청난 지지를 받았다.

그러나 사업을 시작하기 전, 죽을 프랜차이즈 아이템으로 삼았다고 이야기하면 대부분 비웃곤 했다. '죽은 아플 때나 먹는 거지, 누가 밖에서 사 먹어?'라는 이유였다. 하지만 필자는 자신의 판단을 믿었고, 힘들게 마련한 종잣돈을 쏟아부었다. 필자의 일생일대에서 가장 중요한 결정의 순간이었다. 그 결정이 필자의 운명을 바꾸어 놓았고, 지금껏 죽 전문가로 살아가게 했다.

물론 필자도 늘 옳은 선택을 하는 것은 아니다. 코로나바이러스가 창궐했던 시기에는, 외식 대신 배달과 밀키트 수요가 늘어날 것이라 예측하며 무인 밀키트 사업에 과도하게 뛰어들었다가 큰 손실을 보고 사업을 정리하기도 했다. 그럼에도 대체로 올바른 결정을 하고, 기업을 꾸준히 성장시키고 있다.

사람에게는 누구나 결정의 순간이 온다. 이 순간, 선택이 잘못되면 개인이든 기업이든 국가든 운명이 크게 바뀔 수밖에 없다. 그렇다면 올바른 결정을 위해 무엇이 필요할까?

첫째, 상황을 정확히 파악해야 한다. 명나라가 세계 여러 나라에서 어떻게 움직이는지 파악했다면 결코 해금 정책을 펼치지 않았을 것이다. 비즈니스 세계에서 승리하고 업계를 지배하려면 경쟁자의 행동과 정책을 면밀히 파악해야 한다.

둘째, 통찰력이 필요하다. 당장 돈이 벌릴지 아닐지가 아니라 지금 결정이 5년 후, 10년 후에는 어떤 현상으로 확산될지까지 예측해야 한다. 먼 훗날에도 지금의 결정이 주효하리라고 판단이 들어야만 움직이는 자세가 필요하다.

셋째, 자신감이 필요하다. 사람이라면 누구나 시간이 지나면 자신의 행동을 후회하게 된다. 그러므로 일단 마음을 먹었다면, 지금의 결정이 최고라는 긍정적인 믿음이 필요하다. 자신감을 갖고 그 일을 추진할 때, 더 좋은 성과를 낼 수 있다.

미래에 후회하지 않기 위해서는, 대함선을 가지고도 보잘것없는 통통배에게 많은 기록을 넘긴 역사를 결코 잊어서는 안 된다.

사람은 생각의 크기만큼 성장한다

[마의선사와 두 아들]

중국 당나라의 마의선사(麻衣禪師)는 천문, 지리, 명리, 관상 등에 통달한 인물이다. 그는 쉰 살이 넘어서 아들 둘을 낳았는데, 아이들이 열 살이 넘었을 무렵 사주팔자를 보게 됐다. 그리고 큰아들은 재상이 되고, 작은아들은 거지가 된다는 점괘를 받았다. 그는 아이들을 불러 앉히고, 점괘 내용을 알려줬다. "첫째야, 너는 이다음에 나라의 재상이 될 팔자이니 열심히 공부하렴. 그리고 둘째야, 너는 거지 팔자를 타고났으니 그냥 잘 놀고먹기나 해라! 점괘가 틀린 적이 없으니, 너희도 사주팔자대로 사는 수밖에 더 있겠느냐."

거지 팔자라는 소리에 충격을 받은 둘째 아들은 '그렇다면 집에 있을 필요가 없지 않은가' 하고 집을 나갔다. 하지만 곧 가진 돈이 다 떨어졌고, 큰 부잣집에서 밥을 빌어먹는 처지가 됐다. 다음 끼니를 걱정하던 중 들에 나가 일하던 머슴들이 돌아와 밥 먹는 모습을 봤고, 잠자리, 먹거리 걱정을 하지 않아도 되는 그들이 부러워졌다. 그는 집주인에게 간청해 머슴으로 일하게 됐다. 어렵게 얻은 머슴 자리에서 쫓겨나면 평생 거지로 살아야 할 팔자이기에, 그는 누구보다 부지런하고 성실하게 일했다.

그로부터 몇 해가 지났을 때, 주인은 둘째 아들은 곳간지기로 발탁했고, 그는 더욱 열심히 일을 했다. 성실한 모습에 감동한 주인은 그를 자기 딸과 혼인시키기로 마음먹었다.

결혼만큼은 부모님께 허락을 받아야 했기에, 둘째 아들은 옛집을 다시 찾아갔다. 마의선사는 늠름하게 성장한 그를 보고 깜짝 놀랐다. 둘째의 얼굴이 재상감으로 변해 있었기 때문이다. 다음 날, 큰아들을 불러 보니 그사이 큰아들의 얼굴은 거지가 될 관상으로 변해 있었다. 재상이 될 팔자라는 말을 믿고 방탕한 생활을 즐긴 탓이었다.

거지 팔자를 타고난 둘째 아들은 자신의 노력으로 훗날 재상까지 하게 됐고, 큰아들은 나태한 생활로 거지가 되고 말았다. 그는 두 아들을 보고 다음과 같이 말했다. "사주불여신상(四柱不如身相)하고, 신상불여심상(身相不如心相)이다." 즉, 사주(四柱)는 신상(身相)보다 못하고, 신상은 심상(心相)보다 못하다는 말이다. 결국 생각하기에 따라 사람의 운명이 바뀐다는 교훈을 얻을 수 있다.

그렇다면, 운명을 바꾸는 마음가짐이란 대체 어떤 것일까?

필자와 2013년부터 인연을 이어 온 H대표가 있다. 그는 모바일 회사를 창업하고 거래처를 확보하기 위해 우리 회사를 찾아온 손님이었다. 정해진 약속이 없었던 탓에 필자는 자리에 없었고, 그는 필자를 오전 10시부터 오후 4시까지 기다려야 했다.

창업한 지 얼마 안 된 회사였던 탓에, 그에게는 우리 회사와의 계약이 매우 중요했다.필자는 대표의 자존심을 버리면서까지 하루 종일 필자를 기다린 그의 집념에 감동받았고, 그가 제시하는 조건도 괜찮았기 때문에 계약을 진행했다. 만약 그가 필자를 기다리지 않았다면, 우리 회사와는 분야가 워낙 달랐기 때문에 미팅 자체를 거절했을지도 모를 일이었다.

비즈니스 계약 이후, 나이가 같은 H대표와 필자는 꾸준히 인연을 이어가다 친구로 지내게 됐다. 그는 필자에게 "당신과 같은 경영자가 되는 것이 목표이네"라고 하면서 "함께 있으면 도전정신이 강하게 생겨"라고 덧붙였다.

시간이 흘러 그는 네 개의 법인 기업을 이끄는 대표로 성장했다. 심지어 사업 확장을 위해 빌딩 세 채를 매입했다고 했다. 특히 목표를 위해서라면 자존심을 버리고 끊임없이 도전하는 그에게, 이제는 필자가 성공 비결을 묻곤 한다. 그는 "나는 주변에 나를 도울 사람이 마땅히 없어. 그래서 늘 스스로 인생과 사업을 개척해 나간다는 태도로 일하네"라고 자주 말한다.

예를 들면 그는 매일 광흥창역에서 서강대교를 건너 여의도까지 걸어서 출근한다. 걸으면서 나태함을 물리치고 자신의 목표를 떠올리며 정신을 가다듬는다는 것이었다. H대표와 헤어지고 집으로 돌아오는 내내 생각했다. '그가 성공한 이유는 생각과 목표의 크기 때문이구나!'

H대표와 마찬가지로, 생각을 크게 하면 얼마든지 성공할 수 있다. 사람은 생각의 크기만큼 성장한다. 사주팔자보다 더 강력한 운명은 열심히 사는 것이다. 그리고 열심히 사는 것보다 더 중요한 태도는 어떤 생각을 품고 살아가느냐이다.

내 안의
최고의 무기

[다윗과 골리앗]

IMF 이후, 퇴직자가 급속히 늘어나면서 소자본 창업 시장이 폭발적으로 성장했다. 창업 희망자의 증가는 곧 프랜차이즈 산업 전체를 키워 나갔다. 사업 경험이 없던 초보 창업자들은 개인 창업보다 성공률이 높고 친숙한 프랜차이즈 가맹점 창업을 선호했다. 자연스레 무책임한 업체 역시 우후죽순 생겨났고, 이는 고스란히 사회적 악요소가 됐다.
부실하거나 불량한 프랜차이즈 본사의 횡포와 불공정한 가맹 거래로, 급기야 정부가 프랜차이즈 산업 시장에 개입하게 됐고, 프랜차이즈 본사가 감내하기 힘든 강력한 프랜차이즈 가맹 사업법이 쏟아져 나오기 시작했다. 또한 소득주도형 경제 정책의 일환으로 근로 시간 단축과 최저 급여 인상이 이뤄졌고, 새로운 변화 모색이 불가피해졌다. 프랜차이즈 본사들은 하나둘 가맹 사업에서 HMR(가정간편식)과 같은 상품을 출시하고 일반 유통 시장으로 진출하게 됐다.

필자의 회사뿐 아니라 국내 굴지의 프랜차이즈 브랜드가 HMR 시장 진출을 모색하기 시작했다. 그런데 막상 HMR 시장으로 진출하니 그곳에는 프랜차이즈 가맹법보다 더 무서운 존재가 기다리고 있었으니, 바로 대기업들이었다.

편의점만 가도 죽, 찌개, 탕, 국, 볶음밥 등 거의 모든 종류의 냉동, 냉장, 상온 제품이 상품 진열대를 가득 채우고 있다. 편의점, 마트, 할인점, 백화점 심지어 온라인 시장까지 대기업들 중심으로 한 치의 양보도 없이 경쟁 중이었다. 이런 상황에서 필자는 시장에 어떻게 정착할 수 있을지를 고심하다가, 일단 대기업이 뛰어들지 않은 틈새시장을 찾기로 했다. 결국 고안한 것이 '짜 먹는 죽'이라는 HMR 제품으로, 대기업들이 음식 상품으로 진출하지 않은 시장인 치과, 건강검진센터, 약국 등에서 팔 수 있는 제품이었다. 치아를 발치해 음식물을 씹을 수 없는 환자에게 죽은 꼭 필요한 식품이었다. 또한 건강검진을 마친 이들에게도 죽은 최고의 식품이었고, 식후 약 복용이 필요한 이들에게도 죽이 필요했다.

《구약성경》 속 '다윗과 골리앗'의 싸움 일화에서 새로운 경쟁력을 찾는 미래 전략을 찾아볼 수 있다. 쉐펠라 평야 끝자락, 엘라 계곡을 가운데 두고 이스라엘은 북쪽 능선을, 블레셋은 남쪽 능선을 따라 자리 잡고 있었다. 하지만 두 개의 군대는 서로 노려보기만 할 뿐 몇 주째 교착 상태에 빠져 있었다. 어느 쪽이든 공격을 하기 위해 계곡을 내려가면 상대방에게 무방비로 상대에게 노출됐기 때문이다.

이때 블레셋 사람들은 키 2m가 넘는 가장 힘센 전사를 내보냈다. 그는 훈련된 장수였고, 머리끝에서 발끝까지 반짝이는 청동 갑옷과 투구, 커다란 칼과 창으로 무장했다. 그는 계곡으로 내려와 소리쳤다. "너희 무리 중 가장 힘센 전사를 내려보내라!"

이스라엘 군대를 모욕하고 기만하는 거구의 장수 앞에 당당하게 나선 사람은 어린 양치기 소년 다윗이었다. 이스라엘 왕이 "너는 그를 이길 수 없다"며 만류했지만, 소년은 막대기와 냇가에서 주운 돌멩이 다섯 개를 배낭에 담았다.

소년이 거인 앞에 이르렀을 때, 거인은 또 소리쳤다. "이리 와서 덤벼라. 네 살을 갈기갈기 찢어서 들짐승들에게 뿌려 주마!" 그러자 다윗은 막대기 투석기에 돌멩이를 달아 힘차게 돌린 후 날려 보냈다. 돌멩이는 거구의 눈과 눈 사이 미간을 정확히 강타했고, 거구의 장수는 비명 소리도 내지 못하고 쓰러지고 말았다.

다윗은 분명 약자이다. 상식적으로 골리앗을 이기기란 거의 불가능에 가깝다. 그럼에도 어떻게 다윗은 골리앗을 이길 수 있었을까?

첫째, 싸움의 구조를 바꿨다. 당시 군인은 크게 세 부류로 나뉘었다. 말이나 전차를 타고 빠르게 진군하는 기병, 갑옷을 입고 칼과 방패를 든 보병, 활을 쏘고 돌을 투석하는 발사병이다. 따지자면 골리앗은 갑옷으로 전신을 무장한 보병인 반면, 다윗은 가죽 물매로 돌을 빠르게 던지는 투석병에 가까웠다. 메이저리그 강속구 선수가 던진 돌이 우리의 이마를 향해서 날아온다고 생각하면 그 공포감은 굉장할 것이다.

몸집과 무기를 기준으로 삼으면 다윗이 골리앗에게 불리한 것은 당연하다. 하지만 보병과 투석병의 결투라면 이야기는 달라진다. 특히 두 사람 사이에 거리가 생기는 순간, 보병은 투석병에게 결코 이길 수 없다.

자금 중심, 입지 중심, 시설 중심의 대기업들과 경쟁해야 하는 예비 창업자 또한 싸움의 구조를 바꾸어야 한다. '창업의 혁명'을 일으키는 새로운 성공의 주역들은 이제 싸움의 구조를 바꾸어 놓고 싸운다. 높은 임대료를 피하기 위해 홀 판매를 과감히 포기하고 배달, 포장 판매에 집중하는가 하면 인건비 부담을 덜기 위해 무인점포로 승부를 던지고 있다.

한 시대를 이끌었던 지류 신문은 이제 인터넷 신문에 밀려 찾는 사람이 줄었고, 대형 물류 창고와 운송 차량을 보유한 유통업자들은 새로운 비즈니스 유통 플랫폼과 경쟁하고 있다. 자체 생산 제조 시설 없어도 전국의 우수한 제품을 발굴하여 지신의 브랜드를 달고 온라인과 SNS에서 높은 수익을 올리는 업체도 찾기 쉽다. 성실하게 발품 팔던 시대를 지나 '손가락 품'을 팔아서 성공 신화를 쓰고 있는 것이다.

둘째, 나를 알고 상대를 알면 반드시 이긴다. 골리앗이 입은, 전신, 팔과 무릎까지 덮은 청동 갑옷은 족히 45kg이 넘었을 것으로 추정한다. 무기도 던지기용 창, 찌르기용 창, 옆구리에 찬 칼까지 무려 세 개였다.

또 골리앗은 다윗에게 계속 가까이 오라고 소리쳤다. 근거리에서 맞붙기 위해서였다. 그러나 다윗은 그의 도발에 넘어가지 않았고, 움직임이 둔하다는 약점을 파악했다. 골리앗의 최대 장점이었던 무기와 갑옷이 다윗 앞에서는 가장 큰 단점이 된 것이다. 다윗은 골리앗의 또 다른 단점을 파악했다. 골리앗이 이스라엘 군대 앞으로 나올 때, 시종이 그의 손을 잡고 대결 장소까지 안내했다. 골리앗은 강인한 장수였는데 말이다. 게다가 반응 속도도 느리고, 다윗이 가까이 올 때까지 제대로 감지하지 못했다.

현대의 많은 의학자가 골리앗은 거인병, 즉 말단 비대증이 있었을 것이라고 해석한다. 이 병은 몇 가지 부작용을 동반하는데, 그 첫 번째가 시신경이 압박받아 복시나 근시를 갖게 된다는 것이다. 다윗은 골리앗의 시종이 그를 에스코트하는 것을 보면서 시력에 문제가 있을 것이라고 추정했고, 그 약점을 정확히 노렸다.

창업자가 장사의 세계에서 절대적 강자가 되는 방법은 먼저 자신을 파악하는 것이다. 다윗이 자신이 가장 잘 싸울 조건을 만든 것처럼 창업자도 가장 유리한 조건을 만들어야 한다. 가벼운 다윗에게는 투구나 갑옷이 거추장스러운 짐일 뿐이었다.

골리앗 같은 대기업이나 고액 창업자는 상대적으로 시장 변화에 둔감하고 소통이 늦다. 따라서 경쟁자를 그저 두려워할 필요는 없다. 그들보다 먼저 변화를 받아들이고, 고객과 적극적으로 소통하자.

셋째, 강한 자신감이다. 어린 다윗에게는 상대쯤이야 이길 수 있다는 자신감이 있었다. 그리고 실제로 이겼다. 창업자라면 '나는 반드시 성공한다'는 신념을 가질 필요가 있다. 사람은 대개 세상에 존재하는 모든 가치에 절대적 우열이 존재한다고 생각한다. 다윗보다는 골리앗이 우월하고, 나보다는 저 사람이 우월하다고 말이다. 그러나 그렇지 않다. 모든 장점은 상대적인 가치를 지닌다. 우리는 골리앗 같은 상대만 볼 것이 아니라 자기 자신을 꼼꼼하게 살펴야 한다.

내 안의 최고의 무기는 무엇인가! 그것을 찾거나 만들 때 우리는 다윗처럼 당당하게 골리앗과 맞설 수 있다. 창업의 세계에서 승리하는 이들의 공통점은 승리에 대한 강한 자신감과 자신에 대한 신뢰가 있다는 것이다.

이 혼돈의 세계에서 낡은 것을 거부하고 새로운 것을 창출해 낼 수 있는 창업가만이 성공한다. 성공에 대한 강한 신념을 지녔다면, 변화를 두려워하지 않고 스스로 변화를 만들어 나갈 수 있을 것이다.

미래가 두려울 때 필요한 인생 성장 노하우

['ㄲ'으로 시작하는 다섯 가지 단어]

20여 년 전, 필자가 사업을 시작하며 미래에 대한 두려움으로 불안해할 때, 한 인생 선배가 사업가에게 필요한 철학을 '쌍기역(ㄲ)'으로 시작하는 다섯 가지 단어로 들려줬다.

첫째는 '꿈'이다. 성공한 리더들의 공통점은 큰 꿈을 가졌다는 것이다. 사업 성공의 크기는 곧 사업가의 꿈의 크기이다. 사업가가 생생하고 구체적인 꿈을 그릴 때 성공이라는 결과로 나타난다. 꿈은 사업가의 출신이나 창업 자금, 다양한 인프라와 관계없이 누구나 평등하게 가질 수 있는 유일한 것이다. 창업자에게 꿈은 자동차 연료와 같다. 위기가 찾아왔을 때 극복하게 하고, 오랜 시간 인생의 목표를 위해 달려가야 할 때 자신을 지탱해 주기도 한다.

또 꿈은 아주 디테일하게 꿔야 한다. 필자의 경우는 스무 살 때 백지를 펼쳐 놓고 몇 살 때 어떤 일을 할 것인지 구체적으로 나열하며 인생 전체의 꿈을 적어 봤다. 예를 들어 2010년, 마흔한 살 때 큰 아파트에 살겠다고 적었다. 2020년, 쉰한 살에는 고향에 큰 저택을 짓고, 부모님을 모시고 살며 전원생활을 하겠다고 꿈을 꾸었다. 그래서일까? 꿈은 대부분 이루어졌다.

둘째는 '끼'이다. 사람들은 재능이 많은 사람을 일컬어 끼가 많다고 한다. 과거에는 기초 학문, 즉 국어, 영어, 수학 등을 잘하는 사람이 좋은 대학에 가고 출세하는 경우가 많았다. 하지만 이제는 단순히 좋은 대학을 졸업한다고 성공하는 시대가 아니다. 대신 아이디어를 잘 융합하고 응용하는 사람, 즉 스마트폰 같은 디바이스나 인터넷, SNS 등을 제대로 활용할 줄 아는 사람이 성공할 기회가 많다. 신흥 재벌들은 대부분 기초 학문만큼 응용 학문에 재능이 있는 경영자이기도 하다. 이 시대에 자신의 꿈을 잘 실현하는 사람은 응용력이라는 끼를 발휘하는 사람들이라는 것을 알 수 있다.

셋째, '끈기'이다. 시대와 공간을 떠나 성공한 리더의 공통점은 끈기이다. 쉽게 포기하면 결코 성과를 얻을 수 없다. 과거에는 수련, 득음 등으로 표현한 끈기를 이 시대의 비즈니스적 용어로 표현한다면 'Fun' 혹은 'Joy'라고 할 수 있을 것이다. 비즈니스를 일으키고 오랫동안 지속하고 성공하는 사람은 즐기는 사람이다. 일을 즐길 줄 알아야 끈기도 생긴다.

'런던에서 에든버러까지 가장 빨리 갈 수 있는 방법은 사랑하는 사람과 가는 것이다'라는 말이 있다. 싫은 사람과 함께 간다면 아무리 짧은 길이라도 지겹고 멀게만 느껴지기 때문이다. 사업 역시, 좋아하는 일을 즐기면서 하면 힘도 덜 들고 빨리 목표에 도달할 수 있다.

넷째는 '꼴'이다. 앞에서 언급한 것처럼 여기서 '꼴'이란, 그 사람의 모습을 말한다. 평소 비관적으로만 생각하는 사람은 좋은 결과를 낼 수 없다. 성공한 사람들은 자기 자신을 존중할 줄 안다. 그래서 좋은 생각만 하고 좋은 말과 행동을 하며, 좋은 사람들만 만난다. 그들은 옷을 입을 때도, 음식을 먹을 때도 품격을 생각한다. 이는 자연스레 '좋은 꼴'로 나타난다. 세상의 모든 사람은 소중하다. 그래서 우리는 자신을 소중하게 생각하면서 건전한 꼴값을 떨어야 한다.

다섯째 '끈'이다. 오늘날 비즈니스적으로 볼 때, 끈은 네트워크라고 할 수 있다. 예전 우리 사회는 빠르고 효율적으로 성공하기 위해 학연, 혈연. 지연에 얽매이곤 했다. 더 큰 사업을 도모하기 위해서는 단순한 인연을 넘어 폭이 넓고, 끈끈한 인맥을 쌓아야 한다. 이 시대에는 인맥이 과거에 비해 무척이나 빠르게 만들어진다. 응집력도 강하다. 인터넷이 발달한 덕분이다. SNS를 통해 추구하는 바가 같은 사람들, 즉 타깃으로 삼을 고객을 얼마든지 만날 수 있다. 사람과 사람, 판매자와 소비자를 연결하는 질긴 끈을 잡을 때 비로소 사업을 크게 일으킬 수 있다.

그중 필자가 가장 중요하게 여기는 '끈기'에 관한 역사 이야기를 하나 소개해 보려 한다.
중국 최고의 시인으로 추앙받는 시선(詩仙) 이태백(李太白)은 학문을 도중에 그만두고 집으로 돌아가는 길에, 바늘을 만들기 위해 도끼를 갈고 있는 노파를 만났다.

이태백은 노파의 노력에 감동받아 다시 산속으로 들어갔고, 학업에 매진해 학문을 완성했다고 한다. 그때 나온 말이 '도끼를 갈아서 바늘을 만든다'는 뜻의 마부위침(磨斧爲針)이다.

세상의 더 큰 리더가 되어 삶을 지속적으로 발전시키고 싶다면, 필자가 사업가의 철학으로 삼고 있는 이 다섯 개의 쌍기역을 기억하면 어떨까 한다.

화목한 가정에는 좋은 가풍이 있다

[진시황의 법과 예]

필자가 막 창업했을 당시에는 생각을 바로바로 행동으로 옮기는 스타일이었다. 그러다 보니 주변에도 할 일이 생기면 바로 해치우는 게 속 편하다는 성격의 직원들이 모였고, 그들과 밤을 새워서라도 업무를 처리하곤 했다. 대청소처럼 자질구레한 일을 할 때도 뒤로 빠지는 직원은 한 명도 없었고, 뭐든 서로 앞장서서 일했다. 그것이 회사의 문화로 정착됐기 때문에, 회사는 비약적으로 발전할 수 있었다.

그러나 회사가 커지자 당연히 직원으로 필자와 똑같이 생각하고, 움직이는 사람만 있을 수는 없게 됐다. 한번은 몇 명의 직원이 동시에 퇴사를 했다. 퇴사를 확정하자 마음이 떠나서인지, 그들은 지각은 물론이고 점심시간이 끝났는데도 한 시간씩 업무에 복귀하지 않고 자리를 비우곤 했다. 혹자는 이직을 위해 업무 시간에 구인정보 사이트를 찾거나 이력서를 작성한다는 사실도 알게 됐다. 개인적으로도 서운한 마음이 들었지만, 무엇보다 잘못된 직장 문화가 자리 잡을까 봐 걱정됐다.

퇴사를 결심한 직원이 다니던 회사에 끝까지 충성하길 기대하는 것은 어리석다. 하지만 경영자라면 마음이 떠난 직원이 회사에 나쁜 문화를 남기고 가지는 않는지 경계해야 한다. 사마귀 등 곤충은 죽기 전에 알을 낳는다고 한다. 그 알에서 나온 새끼는 과거의 데이터가 아닌, 바로 직전의 분위기와 행동을 답습한다.

직원이 늘고, 자주 교체되면서 필자는 어떻게 좋은 기업 문화를 만들고 정착시킬지 고민하고 있다. 그런 필자가 요즘 주목하는 사례는 자신의 나라까지 총 일곱 개의 나라로 나뉘어 전쟁하던 중국을 최초로 통일하고 찬란한 중흥을 이끈 진시황 이야기다.

중국을 뜻하는 China라는 단어가 진(chin)에서 유래했을 정도로 진시황의 위력은 대단하다. 진시황은 어떻게 칠웅 시대를 끝내고 거대한 대륙을 하나의 나라로 만들 수 있었을까? 진시황은 인간의 본질은 악하므로, 사람들을 법으로 다스려야 한다고 생각했다. 법(法)과 예(禮)를 국가의 문화로 삼은 것이다.

상과 벌을 명확하게 하고, 법으로 규율과 기강을 엄격하게 세워 지위 고하, 신분 여부와 관계없이 출세할 수 있도록 제도를 마련했다. 또한 예를 중시하여 사회 질서를 안정시켰다.

이처럼 진시황은 법과 예를 기초로 문화를 만듦으로써 부국강병의 기틀을 마련했다. 모든 기업의 문화가 똑같을 수는 없다. 느긋하고 자유로운 분위기에서 창의적인 아이디어를 도출하도록 권장하는 기업이 있는 반면, 잠깐의 방심이 돌이킬 수 없는 실수가 되는 기업에서는 다소 경직된 문화를 바란다. 각자의 기업에 맞는 문화가 필요하다. 문제는 '건전한 기업 문화를 어떻게 만들 것인가'이다.

필자는 집안의 가풍을 만들 듯 기업 문화를 만들라고 전하고 싶다. 화목한 가정에는 반드시 그 가정만의 좋은 가풍이 있다. 물론 대가족 중심에서 핵가족 사회로 전환된 후 가풍을 지키는 집 역시 그리 많지는 않다.

필자는 결혼하면서부터 가정에서 꼭 지키고 싶은 가훈을 정하고, 아내와 상의했다. 우리 집 가훈은 '마부위침(摩斧爲針)'으로, 앞서 소개한 것처럼 '어떤 일이든 포기하지 말고 끝까지 최선을 다하자'는 의미이다. 아이들에게 역시 어려서부터 이 가훈을 주기적으로 상기시켜 어떤 일이든 포기하지 말고 최선을 다하는 방향을 선택할 수 있도록 도왔다. 그 결과, 우리 가족은 작든 크든 각자가 세운 목표를 포기하지 않고 이루고 있다.

기업의 사풍을 만드는 것도 마찬가지다. 대표로서 우리 기업이 어떤 목표를 가지고 있는지 확실하게 알고, 직원들과 자주 공유해야 한다. 또한 문제가 생겼을 때도 당장 쉬운 쪽이나 이익이 되는 쪽을 고르는 대신 사풍을 상기하며 그에 맞는 선택을 해야 한다.

사풍은 기업이 오랫동안 존속하기 위한 기둥과 마찬가지다. 건강하고 행복한 기업을 만들고 싶다면, 그에 맞는 목표와 문화를 세우는 것이 먼저다.

땅을 박차고 뛰어오를 힘을 키우자

[호랑이의 에너지]

현재의 한국 창업 시장은 크게 위축된 상황이다. 과거에는 연간 100만 명의 예비 창업자가 대기 중이었고, 따라서 프랜차이즈 가맹점 모집도 수월한 편이었다. 하지만 최근에는 몇몇 브랜드를 제외하고는 가맹점 모집이 거의 이루어지지 않고 있다. 가맹점 또한 손님을 대형마트와 인터넷 쇼핑몰에 빼앗기면서 위기를 맞고 있다. 이와 같은 현상은 비단 한국 경제와 프랜차이즈 시장에서만 볼 수 있는 것은 아니다.

경제 전문가들은 미·중 무역 갈등과 인플레이션 급등으로 당분간 세계 경제의 성장도 크게 둔화될 전망이라고 밝혔다. 미국이 물가안정화를 위해 금리를 올리고 있어 앞으로 상당 기간 경기 침체 및 금융 시장의 혼란을 겪을 것이다. 가장 어두운 암흑의 시간이 기다리는 것이다.

물론 경영 환경이 나쁘다고 해서 순순하게 죽음을 기다릴 수는 없다. 그렇다면 어떤 경영자가 어두운 이 시기를 극복하고 더 큰 발전을 이룰 수 있을까?

최근 미국의 경제학자들 사이에서 대두되는 개념이 바로 '호랑이의 도약(Tiger leap)'이다. 호랑이가 먹이를 얻기 위해서는 '땅을 박차고 뛰어오를 수 있는 에너지'가 필요하다. 특히 먹이가 부족할수록 호랑이는 남들보다 더 크게 도약해야 한다.

불경기에 살아남기 위해서도 마찬가지다. 현실에 안주해서도, 미래에 대한 불안으로 위축되어서도 안 된다. 대신 더 크게 뛰어올라야 한다. 불경기일수록 기업의 먹거리는 줄어든다. 기업이 먹거리를 쟁취하기 위해서는 더 많이 움직일 수 있는 에너지가 필요하며, 먹거리를 발견했을 때 그것을 놓치지 않기 위해서는 폭발적인 에너지를 응축시켜야 한다.

그렇다면 다시 질문해 보자. 경영자는 어떻게 에너지를 얻을 수 있을까?

첫째, 열정과 자신감이 필요하다. 경기가 나쁘다고 환경을 탓할 것이 아니라 난세에 영웅이 나온다는 긍정적인 마인드가 필요하다. 열여섯 살의 나이에 육군 포병 소위로 임관했던 나폴레옹

1세(Napoléon I)는 가난과 역경을 극복하고 프랑스의 황제 자리에 오른다. 1800년 전후 세계 최강국들이 즐비했던 유럽의 절반을 정복했던 그는 "내 사전에 불가능이란 없다"라는 자신감 넘치는 명언을 남기기도 했다. 앞으로 다가올 어두운 세계 경제 시장에서 두각을 나타낼 영웅은 바로 나폴레옹처럼 열정과 자신감을 갖고 있는 사람일 것이다.

둘째, 정보의 안테나를 가동시켜야 한다. 정보가 재산이자 최고의 무기인 시대가 됐다. 경영자는 어디에 먹이가 있는지 빠르게 파악할 수 있는 정보 습득 능력이 필요하다. 또한 먹이를 발견했을 때 놓치지 않고 효율적으로 활용할 수 있도록 미리 준비돼 있어야 한다.

자신의 이름도 읽지도 쓰지도 없었던 몽골의 칭기즈칸은 "나의 귀가 나를 가르쳤다"라고 말했다. 남의 말을 통해 지혜를 얻고, 자신의 상황에 적용한 것이다. 얼마나 많이 공부했느냐가 아니라 얼마나 많은 정보를 얻느냐가 성공의 핵심이다. 정보가 많은 경영자일수록 자신감이 생기고 자신감은 폭발적인 에너지가 된다.

셋째. 강한 정신력은 강한 체력에서 나온다. 따라서 경영자는 절제하는 생활 습관을 통해 체력을 비축해야 한다. 지나친 음주나

과잉 스트레스는 건강을 잃게 하고, 불규칙한 생활 습관은 생활 리듬을 깬다. 경영자는 대회를 앞둔 운동선수처럼 최상의 컨디션을 유지해야 필요할 때 에너지를 발산할 수 있다.

호랑이의 에너지를 갖기 위해 당신은 얼마나 노력하고 있는가.

마음의 여유가 없을 때 잃는 것

[류성룡의 '단사절영']

최근 몇 년 사이 몇 건의 계약서를 잘못 써서 큰 손실을 봤다. 직원 챙기는 일에도 소홀했다. 한번은 회삿돈을 횡령한 직원을 잡았는데 그가 이혼을 했으며, 부모님의 병환으로 자금 사정을 겪는 중이라는 사실을 알게 됐다. 만약 대표이사인 필자가 그 사실을 미리 알았다면 그가 횡령까지 하도록 두지는 않았을 것이다. 결국 기업과 개인 모두가 손해를 본 셈이다. 회사는 많은 돈을 잃었고, 경영자인 필자는 한동안 자신을 되돌아봐야만 했다.

흥미로운 점은, 사회 경험, 경영 경험이 부족했던 젊은 시절에는 오히려 사기를 당하거나 어이없는 손실을 본 적이 거의 없다는 사실이다. 그런데 나이가 들고, 사회 경험이 많아진 지금은 시행착오가 점점 늘어나고 있다.

그 원인을 가만히 생각해 보니 조선시대 문신이자 《징비록(懲毖錄)》을 쓴 류성룡의 '단사절영(斷思絶營)'이라는 말이 떠올랐다. '밀실에서 문을 닫고, 눈을 감은 채 고요히 앉는다. 서책을 읽거나 일체의 응접하는 일을 다 물리고 생각을 끊고, 영위함을 그쳐 마음의 힘을 기른다'는 뜻이다.

젊은 시절에는 사업을 하면서 틈틈이 농사일을 했다. 혼자서 논밭을 갈고, 곡식을 심고, 추수하면서 이런저런 생각을 할 수 있었다. 필자도 모르는 사이, 류성룡 선생의 말처럼 사람과 무리를 떠나서 마음의 힘을 키웠던 것이다.

사람에게는 누구나 자신만의 사상과 철학이 있다. 그럼에도 주위 환경에 지나치게 의존하다 보면 자신이 어떤 행동을 해야 하는지 알지 못하고, 인생을 주도하지 못하는 경우가 많다. 필자의 상황을 가만히 돌아보니, 사업 이외에 마음을 써야 하는 인간관계를 더 많이 맺었고, 신경 쓰는 일도 많아졌다. 마음의 여유는 사라졌고, 그만큼 실수를 많이 하게 됐다.

그렇다면 어떤 외적 환경과 상황에서도 자신의 의지대로 살아가기 위한 방법이 있을까? 중국의 사상가 량치차오(梁啓超)는 '신독(愼獨)'을 제안한다. 이 단어는 《대학(大學)》과 《중용(中庸)》에 실린 말로, 누가 보든 안 보든, 심지어 혼자 있을 때에도 조심한다는 의미이다. 양명학자들은 신독을 위해 주변을 청소했다고 한다. 간단한 것 같지만, 혼자서 청소하다 보면 복잡한 생각이 정리되기 때문에 스스로 수양하는 데 좋은 방법이다.

지인인 B대표이사는 아침에 출근하면 30분간 문을 닫고 창밖을 보면서 멍하니 생각에 잠긴다. 그 모습이 이해가 가지 않아 "바쁜 아침 시간에 왜 그렇게 시간을 허비하느냐?"고 물으니, 그는 "마음의 힘을 키우고 있다"라고 했다. 오늘 만나야 할 사람, 해야 할 업무 등을 차근차근 생각하고 하루를 시작한다는 말이었다. 당시는 B대표이사의 말을 이해하지 못했지만, 이제는 그 뜻을 깊이 알게 됐다.

필자의 주변에는 사업을 잘하거나 큰 소동 없이 인생을 침착하게 살아가는 사람들이 있다. 그들의 공통점은 남모르게 혼자만의 시간을 갖고 마음의 힘을 키우고 있다는 점이다. 지인인 B는 토요일이면 가급적 혼자서 산행을 한다. 가파른 산을 오르고 내리다 보면, 자신의 처한 상태를 점검하고 삶을 개선할 수 있기 때문이다. 중학교 친구인 K대표는 한 달에 한 번 고급 호텔에 묵는다고 했다. 지난 한 달을 정리하며 다음 달을 설계하고 계획하기 위해서이다. 규모가 큰 기업을 운영하는 선배 사업가는 가끔 자동차를 끌고 한적한 교외로 나가서 차박을 한다고 했다. 밤하늘을 보면서 삼라만상의 시간을 가지면, 마음이 정리되고 앞으로 할 일이 정리된다는 이유였다. 아무리 학식과 경험이 많다고 해도 마음의 여유 없이 살다 보면 정작 중요한 것을 잃게 되는 경우가 많다.

주변의 거추장스러운 것을 버리고, 좀 더 멀리, 그리고 좀 더 힘차게 뛰기 위해서는 자신만의 시간을 가져야 한다. 여유를 갖고 마음의 힘을 키울 때 신실과 진리를 비로 볼 수 있다. 또한 잘못된 부분은 다른 사람이 점검하고 교정해 주는 것이 아니라 스스로 깨닫고 고치는 방법뿐이다.

지금, 내가 하는 일에 시행착오가 끊이지 않는다면 잠시 발걸음을 멈추고 혼자가 될 필요가 있다. 성공을 위한 내공을 키우고, 복잡한 사회 구조와 변화무쌍한 환경에서 살아남기 위해서는 여유가 필요하다. 경영자가 여유를 가질 때 비로소 나쁜 것과 좋은 것을 구분해 볼 수 있다.

법은 누구나 피할 수 없다

[빌 게이츠와 아버지]

사람은 태어나서 죽을 때까지 법을 떠나서 살 수 없다. 태어나면 반드시 출생신고를 해야 하고, 죽어서는 사망신고를 해야 하니 말이다. 심지어 묘를 이관하려고 해도 법은 필요하니, 죽어서도 따라다니는 것이 법이다. 특히 경영자라면, 크고 작은 법적인 문제에 직면할 수밖에 없다.

마이크로소프트의 창업자 빌 게이츠의 부친인 윌리엄 게이츠(William Gates)는 시애틀의 저명한 변호사 출신이다. 그래서인지, 빌 게이츠도 법을 잘 활용한 사업가로 분류된다. 1985년 마이크로소프트는 애플과 GUI(Graphical User Interface)에 대한 사용권을 계약했던 적이 있다. 그런데 빌 게이츠는 라이선스 계약서에 만료일이 기입되지 않은 점을 알게 됐고, 이를 이용해 OS 프로그램을 만드는 데 애플의 인터페이스 기술을 사용했다. 애플이 라이선스 사용은 일회용이라며 소송을 제기하자 마이크로소프트는 계약서에 만료일이 기입되지 않았으므로 영구적 사용권이라고 주상했다. 1988년, 두 기업의 지작권 소송에서 판사는 마이크로소프트의 손을 들어 줬다.

그런데 빌 게이츠는 변호사의 아들답게 여기서 소송을 끝내지 않았다. 그는 변호사들을 고용해서 GUI의 원천 기술이 애플 고유의 것이 아니라 제록스의 특허를 무단으로 사용해 만들어진 것이라고 주장했다. 그 결과, 애플 고유의 특허권도 제록스의 특허를 토대로 만들어진 것으로 인정돼 결국 무효화됐다.

'눈 뜨고 코 베인다'라는 옛말이 있다. 법을 잘 모르거나 소홀히 하면 누구나 눈 뜨고도 당할 수밖에 없는 세상이다. 애플의 사소한 실수는 미국은 물론 전 세계적으로 IT 기업의 역사를 바꾸어 놓았다. 단순히 '뼈아픈 실수'라고 하기에 그 상처는 너무 크다.

살아가면서 법적 분쟁이 없다면 금상첨화이겠지만 그것은 불가능한 일이다. 필자 역시 계약서에 글자가 몇 개 틀렸다는 이유로 10억 원 이상의 돈을 받지 못한 적이 있다. 피가 거꾸로 솟을 만큼 억울했지만 어쩔 수 없었다. 그게 '법'이기 때문이다. 그렇다면 살아가는 동안 법적 분쟁을 최소화하고 분쟁이 생겼을 때 승리하려면 어떻게 해야 할까?

첫째, 사건을 미리 방지해야 한다. 그러기 위해서는 변호사, 세무사, 노무사 등 전문가들을 옆에 두고 1년에 한두 번은 사소한 서류까지 검토하고 충고를 들어야 한다.

둘째, 사건에 휘말리지 말아야 한다. 악법도 법이라고 했다. 경영자 입장에서 따지면, 억울한 조항도 분명히 있을 것이다. 그러나 사건은 대부분 억울한 바로 그 지점에서 발생한다. 불필요한 송사에 휩쓸리지 않기 위해서는 사장이라면 알아야 할 법을 알고, 계약 시 반드시 작성해야 할 서류가 무엇인지 목록을 만들어 처음부터 빌미를 주지 않도록 준비할 필요가 있다.

셋째, 증거가 왕이다. 법원에 앉아 있는 판사는 사건 현장을 본 적이 없고, 감정이 아닌 법 조항에 따라 판단하기 때문에 증거가 가장 중요하다. 경영자라면 평소에 사소한 행동을 할 때도 증거와 기록을 남긴다는 생각으로 움직여야 한다.

필자의 지인은 30여 년간 운영한 건실했던 회사를 계약서 한 장 때문에 닫아야 했다. 그는 사업을 정리하며 경영자라면 계약서를 작성할 때, 죽을 수도 있다는 경각심으로 꼼꼼히 챙겨 봐야 해"라고 조언했다.

기업가 역시 항상 법의 중요성을 인식하고 살아야 한다. 선배 사업가 중 한 명은 아들에게 경영권을 넘기기로 결정하고 첫 번째로 한 경영 수업이 그를 법원에 데리고 간 것이라고 한다. 재판장에서 벌어지는 다양한 사건을 통해, 사회에서 어떤 일로 싸우고 분쟁하는지를 보여 준 것이다. 선배는 "내가 사업하면서 겪은 가장 큰 위기는 생각지도 못한 데서 법적 분쟁이 일어났고, 그 분쟁에서 패했을 때였다"고 고백하며 "아들에게 돈, 혹은 기업, 성공 노하우를 물려주는 것보다 분쟁을 피하는 방법, 어쩔 수 없이 분쟁이 생겼을 때 이기는 법을 가르치는 것이 더 중요하다"라고 했다.

우리가 살아가는 사회는 법이라는 질서에 의해서 움직인다. 법을 떠나서는 살 수 없고, 법을 무시하면 손실을 보게 된다. 법치 국가를 살아가는 우리에게, 우리의 모든 행위가 법에 맞는 근거가 있는지, 법에 위반되는 것은 없는지, 분쟁을 미연에 방지하고 있는지 확인하는 것이 경영의 기본이다.

먼저 고객이 모인 곳을 찾아라

[경대승의 도방]

필자가 한국사에서 존경하는 인물 중 한 사람은 고려 무신(武臣) 집권 시대의 경대승이다. 그는 지금의 충북 청주 지역의 권력가였던 경진의 아들로, 뛰어난 무예와 지혜를 겸비했고, 강력한 가문의 뒷배도 있었기에 열다섯 살에 국왕 직속 친위대인 견룡군의 교위로 임명됐다.

하지만 경대승은 지역민들의 토지를 빼앗아 부를 축척한 탐관오리이자, 무신정변((武臣政變)을 일으키고 의종을 폐위시킨 정중부의 측근인 아버지에게 항상 불만이 많았다.

그래서 아버지가 세상을 떠나자마자, 그는 아버지가 탈취한 모든 전답을 지역 백성들에게 돌려주고, 집안의 재산까지 모두 나라에 환속해 버렸다. 많은 사람이 경대승의 청렴함에 탄복했고, 그를 따르기 시작했다. 세력을 모은 그는 결국 스물여섯 살 때, 폭정을 일삼던 정중부 세력을 제압하고 막강한 권력을 갖게 됐다.

과연 경대승은 어떻게 어린 나이에 난국을 헤치고 천하를 평정할 수 있었을까? 경대승은 싸움 잘하는 장정들을 모아 자신의 사병 집단으로 삼고, 호위를 맡겼다. 그들을 도방(都房)이라고 부른다. 앞에서도 말했듯, 그는 아버지가 착취한 재산을 전부 반환했기에 가난한 집권자였다. 그래서 100명이 넘는 사병들을 제대로 먹이고 잠재울 수 없어 대신 외양간을 고치고 그곳에서 함께 생활했다. 당시, 권력자가 소외받는 서민들과 똑같은 음식을 먹고, 같은 옷을 입고, 함께 잠을 잔다는 것은 파격적인 일이었다. 그들과 함께하면서 그는 사병 한 사람 한 사람의 마음을 얻을 수 있었고, 사병들은 몇 달씩 월급을 받지 못해도 경대승에게 충성을 바쳤다.

《고려사(《高麗史》)》에는 경대승이 서른 살의 젊은 나이에 요절한 후 치러진 장례식에 대해 이렇게 묘사돼 있다. "경대승의 상여가 나가니 백성 중 통곡하지 않는 자가 없어 그 울음소리가 왕도를 진동시키더라."

이 기록으로 추측한다면, 경대승은 경쟁자였던 무신들에게는 반감을 샀겠지만, 백성 사이에서는 인망이 매우 높았을 것이다. 리더가 사람들에게 지지를 받으려면 일대일로 다가가 그들의 마음을 얻는 것이 얼마나 중요한지를 알 수 있는 부분이다.

사람의 마음을 얻으면 천하를 얻는 것처럼, 고객을 얻으면 사업을 성공시킬 수 있다. 경대승의 처세술에서 맞춤형 마케팅 전략의 영감을 떠올릴 수 있을 것이다.

오늘날에는 고객 개개인의 특성에 맞춘 마케팅이 대세를 이루고 있다. 고객의 특성, 관심, 행동 등을 분석해 맞춤형 콘텐츠나 서비스를 제공하는 전략이다. 예를 들면, 고객의 생일에 축하 메시지와 할인 쿠폰을 보내는 이메일 마케팅이나 고객의 소셜 미디어 활동을 분석해 관심사와 취향에 맞는 콘텐츠나 광고를 보여 주는 방법이다. 또한 고객이 자주 구매하는 상품 카테고리나 검색어를 기반으로, 유사하거나 관련 있는 상품을 노출시키기도 한다.

필자의 기업 역시 과거에는 신문, 방송 등 미디어 매체를 이용한 광고나 전단지 배포, 현수막 설치 등 불특정 다수를 대상으로 한 일회성 홍보를 중심으로 마케팅했다. 하지만 최근에는 포털사이트에서 키워드를 접촉한 사람에게 반복적으로 브랜드를 노출해 구매 전환율과 재구매율을 증가시키는, 일명 리사이클 마케팅(Recycling marketing)을 주로 활용하고 있다.

수많은 기업 중 불경기를 모르고 고속성장하는 기업의 공통점은 개인 맞춤형 마케팅에 집중한다는 것이다. 오늘날의 소비자나 고객층은 시야가 한정돼 있어, 자신이 잘 알고, 관심 있는 분야에 계속 관심을 보이고 더 깊숙이 빠져든다.

불특정 나수에게 마구 살포해 그중 일부 소비자를 건저 올리는 마케팅은 특히 작은 기업에게는 비용 면이나 효율성 면에서 매우 불리하다. 따라서 자신의 주 고객층이 모인 곳을 정확히 파악해야 한다. 엉뚱한 곳에서 헤매는 대신 고객이 자주 찾는 공간을 찾아 경대승처럼 함께 생활하고, 친밀도를 쌓자. 특히 아직 고객이 많지 않은, 작은 기업에게 더 유리한 전략이다. 경대승이 도방을 통해서 사병 한 사람 한 사람을 알고 이해함으로써 더 돈독한 관계를 형성시킨 것처럼. 이제 비즈니스의 세계에서도 고객을 개인별로 관리하거나 적어도 세심하게 관리받는다고 느끼는 방향으로 마케팅해야 한다. 작은 기업이 생존할 수 있는 절대적 비결이다.

자신과 기업을 변화시키는 힘

[중용]

연초마다 기장 세무사로부터 작년의 재무제표를 받는다. 재무제표는 지난해 경영 성과를 고스란히 보여 주는 회사의 거울이다. 경영 수치가 몇 년째 오르지 않았다. 이는 기업이 정체돼 있다는 지표이기에, 성장이 멈춘 이유를 찾아야 했기에 재무제표를 계속 들여다보며 고심했다. 경영자의 성장이 멈추는 순간 기업의 성장도 멈추기에 필자 자신도 돌아봐야 했다.

한참 고민하던 중 TV 프로그램에서 PD가 장사 잘되는 식당의 주인에게 비결을 묻는 장면이 나왔다. 식당 주인은 "식당을 방문한 고객에게 깨끗하고 위생적인 음식을 제공하기 위해 정성을 다합니다. 설거지를 깨끗이 하는 작은 일에도 신경을 썼더니 지역에 깔끔한 식당이라는 소문이 났죠"라고 대답했다. 한 지역에 맛있는 음식점으로 자리매김한 데는 이렇게 아주 작은 이유가 있었던 것이다.

이 장면을 보자 영화 〈역린〉 속 명대사가 떠올랐다. 영화 속 정조는 중국 경전인 《예기(禮記)》의 〈중용(中庸)〉 23장 속 구절을 통해 자신의 생각을 전한다. "작은 일도 무시하지 않고 최선을 다해야 한다. 작은 일에도 최선을 다하면 정성스럽게 된다. 정성스럽게 되면 겉으로 배어 나오고, 겉에 배어 나오면 겉으로 드러나고, 겉으로 드러나면 이내 밝아지고, 밝아지면 남을 감동시키고, 남을 감동시키면 이내 변화하게 되고, 변하면 생육된다. 그러니 오직 세상에서 지극히 정성을 다하는 사람만이 나와 세상을 변하게 할 수 있는 것이다."

이 말이 마음속에 날카롭게 날아들어 계속되던 고민의 해답이 됐다. 작은 일에도 최선을 다해야 한다는 이 말은 기업 성장의 진정한 비밀이 '정성'에서 시작된다는 사실을 되새기게 한다. 그렇다면 정성이 어떻게 경영자와 기업을 변화시킬까? 〈중용〉 23장에서 도출한 정성의 원칙과 과정을 살펴보자.

첫째, 무언가를 정성스럽게 대하면 겉으로도 배어 나오게 된다. 필자는 회사의 경영 이념으로 "음식으로 사람을 이롭게 한다"를 삼았다. 따라서 아주 작은 일인 좋은 식재료 찾기, 식재료를 가장 맛있게 먹을 수 있는 방법 개발부터 노력하고 있다.

둘째, 정성을 다하면 일부러 들추지 않아도 언젠가는 저절로 드러난다는 사실을 기억한다. 좋은 식재료를 찾아 건강하고 맛있는 음식을 묵묵히 만들다 보면 언젠가 그것이 세상에 알려지게 될 것이니 조바심 내지 않아도 된다.

셋째, 정성을 다한 사람과 기업은 결국 빛이 난다. 좋은 음식을 묵묵히 만들다 보면 저절로 입소문이 나고, 경영자와 기업도 언론에 소개되는 등 결국 성과를 얻게 된다.

넷째, 어떤 일이든 정성을 다하면 다른 사람에게 감동을 주고, 상대의 마음을 움직일 수 있다. 두 번째, 세 번째 기회로 제품을 우연히 접한 사람들이 정성을 느낀다면, 지속적으로 충성 고객이 생겨날 것이다.

다섯째, 정성을 다하면 자신과 세상을 변화시키는 결과가 생긴다. 작은 일부터 최선을 다하다 보면 경영자와 기업은 계속 발전한다. 그로 인해 "음식으로 사람을 이롭게 한다"는 기업 이념처럼 고객들은 더 건강해질 것이고, 세상 역시 조금 더 건강해질 것이다.

여섯째, 정성을 다해 변화되면 기업은 생육한다. 끊임없이 발전하고 자라난다는 뜻이다.

경영자와 기업의 변화는 결코 거창한 것에서 시작되지 않는다. 일찍 자고 일찍 일어나며, 불필요한 일에 시간을 버리지 말고, 틈틈이 자기계발을 위해 책을 읽고, 자신을 점검하기 위해 명상을 하는 등의 작은 행위만으로도 우리의 삶은 발전한다. 변화는 나 자신을 위해 작은 일에도 최선을 다하는 '정성'에서 시작되기 때문이다.

지금 나 자신 혹은 기업이 성장을 멈추었다면, 우선 하고자 하는 일의 가장 작은 것부터 정성을 다하자. 그리고 꾸준히, 정성껏 그 일을 지속해 보자.

사업에는 언제나 새로운 시도가 필요하다

[몽골군의 말등자]

세상에서 가장 많은 영토를 정복한 지배자로 몽골 제국의 칭기즈칸을 꼽을 수 있다. 칭기즈칸과 그의 아들, 그리고 손자들은 중국과 만주, 한반도에서 중앙아시아, 중동, 동유럽까지 광활한 영토를 점령했다. 그들은 상상을 뛰어넘는 기동력과 조직력으로 강력한 정복자가 되었다. 예비 창업자나 기업인에게 우상과 같은 존재인 칭기즈칸은 어떻게 세상에서 가장 넓은 땅을 정복할 수 있었을까?

10만 명의 몽골군이 빠르게 세계를 점령할 수 있었던 이유는 '말등자'의 역할이 컸다고 한다. 등자는 기수가 말을 타고 내릴 때 발을 디디기 위한 물건이다. 이는 말을 탄 병사가 몸을 자유롭게 움직일 수 있도록 도왔고, 기마병은 말을 탄 채로 일어서서 활을 쏘거나, 그대로 적군의 말이나 마차에 뛰어오를 수 있었다고 한다. 때로 적의 긴 창이 날아오면 등자에 발을 디딘 채 말 등 아래로 숨었다 일어나기도 했다. 몽골의 신발을 보면 신코가 바이킹 배처럼 위로 올라온 것을 볼 수 있다. 이 또한 기마병이 말을 탄 채로 일어섰을 때 등자에서 발이 빠져 낙마하는 것을 막기 위함이라고 한다. 이처럼 몽골군은 말의 등자를 개량해 세계 전쟁사뿐만 아니라 인류의 역사를 바꾼 것이다.

칭기즈칸처럼, 우리도 남은 비즈니스 영토를 정복하기 위해서는 새로운 전략이 필요하다. 20년 가까이 사업의 성장이 멈춰 고민하다 보니 사업 자금과 경험은 적지만 새로운 비즈니스 신화를 만들어 가는 '뉴비즈니스 영웅'들이 눈에 띄었다. 그들의 사업 전략은 필자에게 "이제 사업은 그렇게 하는 것이 아니야!"라고 비웃는 듯 느껴진다.

필자의 친구 중 한 명은 한국의 유명 의과대학교를 나오고 미국 유명 의과대학에서도 학위를 받았다. 그는 큰 자금으로 서울 강남구에 병원을 개원하고, 병원 입구에 미국 유학 시절 세계적인 의학 박사들과 찍은 사진과 학위 증서를 잔뜩 걸어 놓았다. 하지만 병원은 늘 한산했다. 그를 만날 때면 의례적으로 필자가 밥을 사곤 할 정도였다.

친구의 병원에서 멀지 않은 곳에 다른 후배가 운영하는 병원도 있다. 후배의 병원에는 갈 때마다 항상 손님이 가득했다. 그는 학위와 학벌을 내세울 수준은 아니기에 대신 중국과 일본에 적극적으로 자신의 병원을 홍보했고, 덕분에 외국인 환자에게 입소문을 탔다고 했다.

왜 이런 차이가 나타나는 것일까? 친구가 자신의 스펙을 가장 중요시하며 얽매여 있을 때 후배는 인터넷, 모바일 등을 활용해 국내뿐 아니라 해외까지 적극적으로 홍보한 덕분이다.

우리 회사에도 또 다른 사례가 있다. 도시락 사업부에 입사해 근무하면서 노하우를 배운 직원 K가 퇴사 후 도시락 전문점을 오픈했다. 그는 개업 3년 만에 일곱 개의 직영 매장으로 사업을 확대했다. 게다가 주문량이 많아서 도시락 식재료 전처리 공장을 확보할 계획이라며 필자에게 조언을 부탁했다. 당시 우리 회사는 막대한 자금을 동원해서 도시락 전문점 오픈했는데, 예상보다 수익이 저조해 타개책을 찾던 상태였다.

자금과 조직력, 외식 사업 경력 등에서 우리 회사는 퇴사한 직원보다 모든 것이 유리했지만 그의 매출과 큰 차이가 없었다. K사장의 도시락 사업을 집중 분석해 보니, 그의 회사와 우리 회사는 마케팅 전략부터 큰 차이가 있다는 사실을 발견했다. 우리 회사는 회사, 단체의 단체 주문을 기대하며 언론 홍보와 포털 검색 사이트에 광고를 중점적으로 한 반면 K사장은 젊은 층을 겨냥해서 SNS 마케팅에 집중했다. SNS에서 입소문을 타기 위해 도시락 디자인부터 식재료까지 모든 것을 젊은 세대를 타깃으로 기획했다.

결과적으로 우리 회사는 계속 많은 비용을 써서 광고해야 하는 반면 그의 회사 제품은 젊은 고객들이 사진을 찍어서 인스타그램 등에 자발적으로 공유하며 대신 홍보해 주는 상황이었다.

2014년, 신선한 개념으로 충격을 주었던 크리스 앤더슨(Chris Anderson)의 저서 《메이커스》를 살펴보자. 이 책에서 그는 "고객의 욕구에 맞게 상품을 만들고 그 상품을 인터넷이나 모바일 등을 통해 얼마든지 판매할 수 있는 시대가 열렸다"고 주장한다.

오늘날, 인터넷 덕분에 누구나 원하기만 한다면 이전보다는 훨씬 적은 자금으로 쉽게 창업할 수가 있다. 스마트폰과 컴퓨터, 그리고 아이디어만 있으면, 누구나 소비자의 기억에 강하게 남는 기업을 만들 수 있다.

몽골군이 말의 등자를 이용하여 전쟁의 전술을 바꾸어 놓았듯 지금 세상에서는 디바이스를 통해 비즈니스 역사를 바꾸는 사례가 무척이나 많다. 몽골 제국의 칭기즈칸처럼 더 넓은 세상을 정복하기 위해서는 이제 오프라인 마케팅을 넘어 인터넷과 모바일 등을 통한 전략에도 신경을 써야 한다.

예전에는 국영수와 같은 기초 학문을 잘하는 사람이 좋은 대학에 들어가서 의사, 변호사, 회계사 등 고소득 전문직을 택하고, 명예와 부를 차지할 수 있었다. 하지만 이제는 달라졌다. 돈도 필요 없다. 학위와 학벌도 필요하지 않다. 고객 친화적인 아이디어를 얼마나 떠올리느냐, 그리고 컴퓨터나 스마트폰 등 디바이스를 활용해 널리 퍼뜨리고 실현시키는가가 관건이다.

성공한 사람은 알면서도 모르는 척한다

[범려의 거짓말]

어느 날 아내가 함께 자동차를 타고 가면서 말했다. "그 친구는 헛똑똑이 같아. 사람들 앞에서 센 척, 아는 척, 있는 척하는데 실속이 없어!" 아내의 말에 필자도 뜨끔했는데, 사실 필자가 그런 사람이었기 때문이다.

한번은 필자가 허리를 치료받는 대체의학인 C원장과 밤늦게까지 대화를 나눴다. 그는 실력으로 유명세를 떨치며 한때 상당히 많은 돈을 벌었는데, 지금은 그 정도는 아니라고 한다. 다양한 환자들을 치료하면서 많은 부류의 손님을 만났는데, 그들이 "원장님 덕분에 나았다"며 감사 인사를 하니 자신도 모르게 잘난 척, 아는 척, 있는 척을 하게 됐다고 한다. 칭송을 받으며 교만해진 그는 모르는 분야에도 괜히 참견하게 됐고, 지인들이 제안하는 잘 알지도 모르는 분야에 덥석 투자를 하는 경우도 생겼다. 물론 투자 대부분은 실패로 끝났다. 심지어 사기를 당하기도 했다.

여러 번 실패한 후, 그는 환자 중 사업이나 재테크에 성공한 사람들을 유심히 살펴보게 됐다. 관찰 결과, 그는 한 가지 공통점을 발견할 수 있었다. 자신이 잘 아는 분야에서도 아는 척하며 뽐내는 대신 항상 "모른다"고 대답했다는 것이다.

그 사실을 깨달은 후, 그는 자신의 전공인 치료 분야에만 전념하고 모르는 분야에는 결코 손대지 않는다고 했다. 누군가가 "○○에 대해서 아느냐?"고 물으면 알든 모르든 우선 "난 몰라요!"라고 대답한다는 것이다. '모른다'라는 대답이 그의 삶을 평온하게 만든 무기였다.

중국인들의 롤 모델로 꼽히는 월나라 구천(句踐)의 책사 범려(范蠡)의 일화가 떠오른다. 범려는 구천을 최선으로 보필해 숙원이었던 오나라를 멸망시켰지만 자신의 주군이 공신들을 토사구팽(兎死拘烹) 할 것을 예감했다. 그리고 "내가 지닌 학식과 재주는 이제 모두가 아는 내용이니, 이제 떠날 때가 됐다"라고 하며 월나라를 탈출해 은거했다.

그때 여전히 모든 것을 알고 있다며 자신의 가치를 주장하고, 현재의 벼슬자리에 연연했다면 그는 공신들과 함께 죽었을 것이다. 자신의 학식을 계속 자랑했다면, 그의 필요성을 실감하며 주군이 놓아주지도 않았을 것이다.

《시경(詩經)》의 〈대아 증민(大雅 烝民)〉 편의 '명철보신(明哲保身)'이라는 말도 같은 맥락이다. '똑똑하고 총명하게 처신해서 몸을 지킨다'는 뜻으로, 부귀를 탐내지 않고 자기의 재주와 학식을 숨긴 채 평범한 인물로서 표나지 않게 사는 것의 중요성을 가리키는 말이다.

필자는 20대 후반부터 창업 컨설턴트로 활동하면서 강연, 방송을 기업들에 크고 작은 조언을 건넸다. 직업의 특성상 모르면서도 아는 척을 했고, 항상 전체를 통달한 것처럼 자신을 분에 넘치게 확대했다.

또한 '성공한 기업 CEO의 비결'이라는 제목으로 예비 창업자에게 강의하기도 했다. 수강생 중에는 필자보다 훨씬 큰 인물도, 내실이 훨씬 좋은 회사도 있었는데 말이다.

그때는 사업가라면 자신을 드러내고 뽐내는 것이 더 중요하다고 생각했다. 모른다고 솔직하게 말하는 게 부끄럽기도 했다. 지금 생각해 보면, 누군가가 새로운 일을 제안했을 때 "나는 모릅니다"라고 거절하거나, 전문가를 찾아 조언을 들었으면 좋았을 일이 더 많다.

성공을 꿈꾼다면, 그리고 큰 부를 이루고 싶다면 모르면서 아는 척하지 않아야 한다. 오히려 알아도 모르는 척하면서 상대의 학식과 경험을 들을 때 더 큰 발전을 기대할 수 있다.

이겨 놓고 싸워라

초판 1쇄 발행 2023년 10월 5일

지은이 임영서
펴낸이 허대우

편집 이정은, 한혜인
디자인 스튜디오 수박 @studio.soopark
영업·마케팅 도건홍, 김은석
경영지원 박상민, 안보람, 황정웅

펴낸곳 ㈜좋은생각사람들
주소 서울시 마포구 월드컵북로22 영준빌딩 2층
이메일 book@positive.co.kr
출판등록 2004년 8월 4일 제2004-000184호

ISBN 979-11-93300-01-5(03320)

• 책값은 뒤표지에 표시되어 있습니다.
• 이 책의 내용을 재사용하려면 반드시 저작권자와 (주)좋은생각사람들 양측의 서면 동의를 받아야 합니다.
• 잘못 만들어진 책은 구입하신 곳에서 바꿔 드립니다.

좋은생각은 긍정, 희망, 사랑, 위로, 즐거움을 불어넣는 책을 만듭니다.

positivebook_insta www.positive.co.kr